Umstellt. Sich umstellen

Politische, ökologische und spirituelle Gedichte,

Der Freund und das Fensterkreuz
(Erzählung)

Marko Ferst

Edition Zeitsprung

„Jeder Poet formuliert Ziel und Regeln der Poesie auf seine Weise. Anders ergibt sich keine ‚Fahrt ins Unbekannte‘, sondern eine Fahrt nach Straßenverkehrsordnung."

Ales Rasanaŭ

in: „Zeichen vertikaler Zeit"

Umstellt. Sich umstellen

Politische, ökologische und spirituelle Gedichte

Marko Ferst

Edition Zeitsprung

Bibliografische Information durch die Deutsche Nationalbibliothek: Die Deutsche Nationalbibliothek verzeichnet diese Publikation in der Deutschen Nationalbibliografie; detaillierte bibliografische Daten sind im Internet über http://dnb.d-nb.de abrufbar.

© Edition Zeitsprung, Berlin 2022, 2. Auflage
(1. Auflage 2005, Engelsdorfer Verlag, Leipzig)
ISBN 9783756818075

Umschlagfoto: Marko Ferst

Anne-Kathrein Petereit und Sabine Naumann ist für ihre Unterstützung zu danken.

Herstellung und Verlag: BoD – Books on Demand, Norderstedt

Inhalt

Etwas in uns

Es lebt von der Hoffnung
zehrt von der Verzweiflung
verbündet sich mit der Liebe
und sucht sich einen Weg

Vertrauen baut es auf
es verändert sich langsam
man erkennt es wieder
die Spur verliert sich nicht

Angenommen, lernt man es schätzen
gibt ihm hin und wieder Nahrung
es ist mehr als Gleichmut
und weniger als Weisheit

Es taktet uns friedvoller
wächst auf innerer Freiheit
wir gehen in seinem Schatten
lassen uns ratlos zurück

Umstellt. Sich umstellen

Du bist frei
lebst in der freien Welt
die Freiheit kann mit dir machen
was sie will
du solltest dich ihr fügen
so kannst du dir
eine eigene Meinung bilden
ohne gegen die Notwendigkeit
zu verstoßen

Auch kommst du so
nicht auf eigene Gedanken
die dich befreien
aus eingenisteten Zwängen
es schont dich
vor der Freiheit
auf etwas zuzugehen
das erst noch die Ketten
verlieren muß

Gegenlicht

Jahre wie geschlossene Blüten
verlieren die eigene Spur
ins nächste Alter
unergründlich der Reichtum
nicht gegangener Pfade
um schon wieder
nicht angekommen zu sein
kein Spähflug
erlöst die Weisheit
vom alten Kokon
noch die Stille
wie der Abglanz
eines nicht gehaltenen Versprechens
doch fließt schon
die unbesprochene Fülle
in ihr eigenes Maß

Stimmen

Geheime Gegenspieler
still und leise
wechselt ihr in mir
die Seiten
und ich verwandle mich
endlos

Seid mir Gefährten
das ich mich nicht verfange
an zu sicheren Orten
kommt setzt euch
zu Tisch
und verteilt die Karten
die auszuspielen
sind

Wenn ich euch
nicht mehr höre
bin ich an mir
taub geworden
doch längst
scheint mir
der Rückweg
abgeschnitten
und nichts schützt
vor euren Stimmen

Panorama

Olivengrün überall bergauf
lauwarmer Gipfelwind
schwarzer Flügelschlag
Bruthöhlen
Kalksandsteinmassive
am Fuß der See
Hundegebell
zwischen verwinkelten Gäßchen
mehrstöckige Häuserwände
grauer Beton
Nachts. Lichterglitzer gegenüber
Ufer mit hohen Bergen
frische Pizza
wird noch serviert

am Gardasee und Monte Baldo Massiv

Tonvisionen

(zu Arvo Pärts musikalischemStück „Litany")

Stille.
Gottesstille
umborgen von einer Klangwelt
wie klassische Säulen
endlos in den Himmel getrieben
noch im kämpferischen Zug
thront das Schweigen
immer wieder
laufen Wellen
von Zutrauen
heran

Vielleicht will Jesus
endlich erlöst sein
von den menschengemachten Aufträgen
und überkommenem Glauben?
könnte er nicht Vorbote sein
für den Gestus
von einem ausstehenden Zeitalter?

Gewebte Töne
als Vorboten?
Musikräume als Wegkarte
von Innen nach Morgen?
jetzt und hier
heilig sein
ganz irdisch
und branden
mit den Wellen

Die spirituelle Freiheit

Auferstanden
übt das Allzumenschliche
in Demut
aufrecht gehen
an keinen Gott glauben
in uns Gott
mit ihm
durch uns
alltäglich krumm Gewachsenes
überwinden
nicht mehr geradeaus
den eigenen Blindenführer spielen
der Güte
Chancen anvertrauen
das Reich kommt nicht
es ist mitten unter euch
Aufstieg zu Gott
durch ihn hindurch
weitergehen
Buddha, Mohammed und Jesus
sehen staunend
über unsere Schulter
wenn der Glaube
eigene Weisheit
wachsen läßt
freilich ist nichts ferner
als diese Nähe
das Zeitalter der alten Götter
bricht an
in dem es geht
im Wiederkommen

Erkenntnisgänge

Immer hin und her wägen
ob nicht doch noch
etwas abfällt
für die ein oder andere
Sicht der Dinge
dennoch wissen
worauf es ankommt
ohne dabei nicht mehr
ankommen zu können
weil man sich selbst
den Blick verstellt
es gar nicht mehr merkt

Vergiß nicht
den alten Glaubensburgen
den Rücken zu kehren
denke aber an Wegzehrung
verteufle das Alte nicht nur
nimm mit was noch taugt
du könntest es gebrauchen
aber halte dir die Sicht frei
für den Weg
hinterm Horizont!

Festliches Band

Die Türen öffnen Häuser
keine Schranken mehr
gegen den anderen
ein Band von Freundschaft
zu Festlichem
knüpft eigene Netze
anderes Leben scheint herauf
zwischen den Horizonten
still Zufriedenes kehrt ein
ein Frühlingswehen
überzieht Mißlungenes
Umarmungen öffnen
Menschen, Türen und Häuser

Gebot

Besserwissen
ist häufig schlechter
als gar nichts wissen
doch es ist besser
etwas zu wissen
aber das
immer noch schlechter
als wissen
was zu tun ist
im rechten Maß
und trotzdem
noch zweifeln
immer wieder
und nicht schon wieder
hereinfallen
auf das Besserwissen

Überrascht

Keiner weiß davon
plötzlich
kann einer es sehen
glaubt nicht
was er entdeckt hat
das alle anderen irren
und als er beginnt
sich selbst zu glauben
hört niemand zu
andere wissen es besser
und als die Irrtümer auffliegen
ist das Ozonloch
schon gigantisch groß

Wenn das nächste Mal wieder
so spät etwas entdeckt wird
könnten viele
dran glauben müssen
der letzte Irrtum
wird es nicht gewesen sein
auch die Anzeichen davor
ignorieren die meisten
schon aus Gewohnheit
das kommt davon
wenn man sich blind verglaubt
Fortschritt kennt keine Gnade
wer traut den Sehenden
über den Weg ?
sieht überhaupt wer was?

B. Brecht.
Antwort eines Dialektikers.
Ein aktueller Blick

Man wohnt mal wieder in großen Barken.
Dämme gigantischer als je zuvor.
Trockenen Boden sucht man vergebens,
Überall Lecks und Wasserstände.
Die Dammbauer sind unermüdlich
Die Fluten abzuhalten.
Aber überall schaffen sie mehr Schaden als Nutzen.
Indem sie bauen, wird die drohende
        Sintflut
Immer unberechenbarer.
Sie zerstört mit ungeheurer Wucht.
Das wissen sie. Fast alle ignorieren das und bauen
        weiter.
Man wohnt im Nichtsehen, im Nichtkönnen
und auch im Nichtwollen, aber es nützte
        nichts mehr.
Die Sintflut holte sich alles. Nicht in einem Jahr
Sondern nach und nach brachen die Dämme
So gab es immer weniger Dammbauer,
Bis sie eines Tages ausstarben. Mit ihnen trat
das meiste Leben ab.

Das Urteil

Am Firmament
steigt längst
der nächste
finstere Stern hinauf
hören wir nicht
schon die Fäuste
an unsere Türen klopfen
und die Stimmen
die um Gnade bitten
und die letzten
Atemzüge
für deren Ende
wir schuldig sind
weil wir leben
wie wir leben
und alles
in uns liegt

Wendländische Impressionen

Bewehrt
rücken Polizisten vor
die eigene Würde zur Seite
vieltausendmal
friedlichen Protest
und meterweise
spülen Wasserwerfer
Demokratie
von der
Straße

Es zählt nur Vernunft
erbaut auf
blind geglaubter Sicherheit
in atomares Spalten
diktiert von den
Abkassierern
und den harten Worten
im Namen
des Rechtsstaats
im Namen
rasender Blaulichtkolonnen
und dem Kriegsgeschrei
der Hubschrauber
und an jeder
Straßenecke
folgenschwere
Vernunft

IM´s verrichten Spitzeldienst
manchmal auch mehr
um die Regierung
zu schützen
vor ihrer eigenen Enttarnung
doch wer gräbt
hier die Grube
und wer fällt hinein?

Wieviel Courage
werden wir erst brauchen
sollen nicht nur Castorwege
unpassierbar sein
sondern auch
unser tödlicher Lebensstil
und wird der Widerstand je reichen
alle Barrikaden
fort zu räumen
und wer wird
welche Vernunft
schützen?

Politische Hakenkralle

Ein herbeiregierter Kniefall
vor der Atommafia
ist auf die Gleise gekommen
immer in Richtung
Weiterbetrieb von Atomkraft
der abgesichert werden soll
bis zur Verdopplung
des radioaktiven Mülls
und künftiges CDU-Regieren
verteilt Fahrkarten
für die Verewigung
der atomaren Sucht
das alles soll der Ausstieg
aus der Kernkraft sein
Polizeiknüppel, Wasserwerfer
und Staatsspitzel
bekräftigen
die Wahrheitsliebe
der Politik

Auf den Schienen
gibt es viele Haltestellen
an denen man
den Zug verlassen könnte
und den Ausstieg
leibhaftig mit
Demonstranten erfahren
und herabsteigen
aus dem Elfenbeinturm
Bundesregierung
Konsens finden
mit widerständiger Bevölkerung
und die Notbremse ziehen
vor lauter Betriebsjahren
mit atomarer
Katastrophengefahr
und aufgeben
Erfüllungsgehilfe
der Energiekonzerne zu sein
und einen
vorgetäuschten Konsens
zu predigen

Risiko

Der Boden
weicht deinen
Schritten aus
jedes Geländer
auf das du dich
stützen willst
zerbricht
du bist in
eine verbotene Zone
geraten
und wirst
abgezäunt

Erst wenn du weißt
du kannst gar nicht
woanders laufen
du darfst gar nicht
woanders sein
dann fängt der Boden
wieder an zu tragen
und Freunde
stützen dich
vielleicht

Horno, Hoyersdorf und anderswo

Wieviel Dörfer
wollt ihr den Baggern
noch zum Fraß
vorwerfen
mit schwarzer Kohle
einen Himmel zutage fördern
der uns jedes Haus
zur Ödnis trägt
Wiesen und Wälder raubt
für bald verlorene Arbeitsplätze
die schnelle Mark
und Strom
den uns längst
die Sonne spenden könnte

Horno und Hoyersdorf
lassen sich ausradieren
wie so viele andere Dörfer
überall auf der Welt
wenn wir denen
die widerstehen
nicht Rücken, Hände und Köpfe stärken
den fremden Ort
mit eigener Heimat bünden
und wissen
nur Widerstand
reicht schon lange
nicht mehr aus

Kippt erst das Klima
stirbt Stück um Stück
immer mehr
von dir und mir und uns
und jeder Widerstand
wird zu spät sein
zum Leben

Sicherheitslücken

Ein Wasserwerfer
spie gegen
Antiatom-Demonstranten
und versackte
im selbstgelegten Sumpf

Ein Castor-Transportzug
entgleiste
es folgten
keine Folgerungen

Ein Polizist
wurde beim Schützen
atomarer Fracht
von einem Zug
tödlich erfaßt

Immer mal wieder
fand sich allzuviel
Radioaktivität
am Castorenmantel
und keiner will
verantwortlich
gewesen sein

Dieses oder jenes Bauteil
im Atomkraftwerk
könnte zu alt gewesen sein
und menschliches Versagen
kam wohl auch hinzu.

Wir sind jetzt
mit dem Tod versichert
er bewacht seine Zone
mitten in Deutschland
jeden Tag rückt
still und leise
die gewohnte Sichel vor
Mensch für Mensch

Es warten
strahlende Jahrtausendgeschenke
castorverpackt
auf ihren künftigen Einsatz
gegen alles was lebt
und keine Erlasse
aus Ministerien
kein Aufmarsch
von dreißigtausend Polizisten
hätte dagegen
irgendeine Chance

Begriffsklärung

Bei einer Wanne
handelt es sich nicht
um ein Behältnis
in das man Wasser
einfüllt zum Baden
in unserem Fall
geht es um einen Polizeiwagen

Üblicherweise verrichten
die dazu gehörigen Polizisten
und Polizistinnen
eine sinnvolle
und verantwortungsbewußte Arbeit

Wird das Fahrzeug
aber zum Störfall
und betrifft die Assoziation
mit dem Wasser
den übergeordneten Kopf
der fehlfunktioniert
dann spricht man
von einer Wanne

Die Polizei schlägt zu

Angriff aus der Luft
Spezialeinheiten
springen aus
laufenden Hubschraubern
Messerstecherei
über 60 Traktorreifen
platt

Atom-Castoren
längst gen Zwischenlager
die Traktoren blockierten sich selbst
der oberste Polizeieinsatzleiter Hans Reime
bezeichnet die Racheaktion
für die Straßensperre der Bauern
als rechtmäßig
obwohl die Gerichte
auf 80.000 DM Schadensersatz
verurteilten

Was wenn
die wendländische Bevölkerung
und sonstigen Atomkraftausstiegswilligen
diese Aussage so verstehen
sie sollen nicht nur friedlich
auf Schiene und Straße sitzen
und sich verprügeln lassen
sondern auch ganz rechtmäßig
im Sinne der Polizei
die besatzende grün-weiße Fahrzeugarmada
auf platte Füße legen?

Rückwärtsschreiten

Immer noch Kriegstreiberei
aufgeschaukelter Machtpopanz
gestapelte Dummheit
und viele Mitspieler
selbstverständlich fast immer Männer
alles schön geregelt

Die Rechnungen
fürs chirurgische Morden
werden abgebucht von deinem Lohn
hängst schön drin
in der blutigen Tinte
Minen verhökern
ein gutes Geschäft
Bein ab
fürs gesteigerte Bruttosozialprodukt

Wozu Moral
wir haben doch Politik
schon wieder brauchen wir
Geld für modernisierte Waffen
wir haben Erfahrung im Morden
deshalb brauchen wir
immer mehr Gerät
wir wollen nicht abrüsten
das schadet nur dem Frieden
wir müssen bewaffnet sein
um uns zu schützen
vor bösen Machthabern
und dergleichen mehr
immer schön Ordnung schaffen
ein bißchen Deutschland
hilft überall

Deutsches Lehrstück

Als ich Kind war
sagte meine Oma manchmal
wir sollten nicht
so rumtoben
wie die Hottentotten

Nie mehr
werde ich einem Kind sagen
es soll nicht
so rumtoben
wie die Hottentoten
seit ich weiß
wie deutsche Kolonialsoldaten
die Stämme der Hottentotten
beziehungsweise
Nama und Hereros
in den Tod
trieben

(Die deutschen Kolonialherren provozierten durch ihre bar-
barischen Raub- und Unterdrückungsgelüste sowohl bei den
Hottentotten wie auch bei den Hereros Aufstände gegen ihre
Fremdherrschaft. Vom Stamm der Herero überlebten z.B.
nur ca. 15 - 20 Prozent der einst ungefähr 100.000 Men-
schen die Kolonisierung und Vergeltung. Sie wurden von
den Deutschen u.a. in die Wüste getrieben und gingen dort
zugrunde.)

Vom Krieg um den Kosovo

Stein auf Stein
wurde die Wahrheit
mit dem Gelogenen verbaut
Vertreibungen und Greueltaten
mit dem nationalen Gewissen
und die Friedensliebe
mit den NATO-Bomben
und die Menschenrechte
mit den Kriegsrechten:
wen wundert es da
das alles aus den Fugen gerät?

Wo blieb westliche Hilfe
als die Menschen in Serbien
wochenlang auf den Straßen
demonstrierten
für demokratische Reformen?
lohnte es sich nicht
die Opposition zu unterstützen
war der Gewinn erst hoch genug
als der militärische Angriff lockte?

Wer glaubt
die westlichen Mächte
können nicht
zwischen einem Vertrag
und einer Kapitulationsurkunde
unterscheiden?
wozu mußte Serbien
Besatzungszone werden?
war es kalkulierte Absicht
die hinter dem Übermut stand
der den Krieg
mit herbeiverhandelte
oder wollte man es einfach
nicht besser wissen?

Wie gerecht
sind die tödlichen Luftschläge
gegen das angeordnete Morden
Milocevics
konnten sie doch keinem Albaner
das Leben retten?
wer stimmt darüber ab
mehr als 10.000 Kriegsopfer sind erlaubt
aus humanitären Gründen
und wo ist die Grenze?
wen stört da noch dieses:
du sollst nicht töten!
sind Splitterbomben
die Zivilisten zerfetzen
das richtige Maß
und auch all die übrigen Fehlschläge
nur unbedachtes Handeln?

Darf man das Volk ruinieren
wenn der Diktator
und seine Handlanger
getroffen werden sollen?
öffnete der Bombenhagel
nicht den Riegel
für ungleich größere Vertreibungen im Kosovo
und schlug der serbischen Opposition
die Füße vom Boden
per Kriegsrecht?

Wer trägt auf seinen Schultern
die Last
niedergebrannter Dörfer?
wer lindert das Elend der Vertriebenen?
wer baut das zerbombte Land
wieder auf?
wer gerät in die Schuldenfalle?
wer leidet unter der Krebsfracht
die mit den Chemiewolken
verteilt wurde?
konnte nur diese Logik
den richtigen Weg weisen?

Warum sind die schwarzen Südafrikaner,
die Kurden, Osttimoresen und Tibeter
weniger wert gewesen
kriegerischen Schutz zu erhalten
gegen ihre Peiniger?
wie kommt es, das Menschenrechte
so viele unterschiedliche Maße erhalten
und manche sogar
ein verbrecherisches Antlitz
und kann Hilfe
nicht auch gewaltfrei sein
und Druck entfalten
ohne das gleich alles
mit wenigen Schlägen
getroffen wäre?

Hat die NATO nun gewonnen
den Diktator zum Frieden gebombt
zujubelnde Albaner
wer wollte sie nicht verstehen?
doch welcher Preis lag darin
alles falsch zu nennen
was dem Frieden
ohne Waffen
hätte verhelfen können
rechtzeitig in Gang zu kommen
und verloren nicht viele
die gar nicht verlieren mußten
damit es jetzt einen Gewinner gibt?

Die NATO steht neuerdings
für den Frieden
nur warum hören wir sie nicht
als Wortführer weltweiter Abrüstung
sondern nur das altbekannte Schweigen?
soll das üben für künftige Missionen
auf die man sich vorbereiten muß
wo es nicht angebracht ist
die Bereitschaft Kriege zu führen
durch unüberlegte Maßnahmen
zu schwächen?

Wer bist du?

Plötzlich wachst du auf
mitten in einem anderen Leben
hältst ein Gewehr im Anschlag
zielst angeordnet auf Unschuldige
wirst du es wissen?
im nächsten Augenblick
schießt du schon
auf dich selbst
stürzt in die Grube
oder wirst du
rechtzeitig desertiert sein
in deinem anderen Leben?
wirst du dazu überhaupt
eine Chance gehabt haben?
Hast du vielleicht
am Schreibtisch gesessen
und gab deine Papierwelt
dem Schuß seine Bahn?
könnte der Erschossene
zugleich auch die Rolle
des Mörders gespielt haben
in einem anderen Leben?

Kein Präsident. Armes Amerika

Ein politischer Abteilungsleiter
der Öl- und Waffenkonzerne
von Microsoft und anderen Konzernen
gewann den Tauschhandel
Wahlkampfgelder für Steuergeschenke

Etwa 300.000 Stimmen fehlten ihm
an der Mehrheit des Wahlvolkes
nur die lochgestanzte Wahrheit
eines durch und durch maroden Wahlsystems
und höchstrichterliche Willkür
führten ihn zum scheinbaren Sieg
und muß man das nicht
eine systemeingebaute
Betrügerei nennen?

Die Erfolgsbilanz von
wenigen Wochen Präsidentschaft:
Sternenkriegsprogramme neu aufgelegt
Bomben für Kinder aus Bagdad
Schiffe versenken im Pazifik
Konfliktsuche mit China
Umweltgesetze killen
– aber die Klimakatastrophe
überlebt auch politische Brandsätze
wie einen Bush junior
wenn er die globalen Verhandlungen
zur Reduktion der Treibhausgase
torpediert

Wer Kakao mit Kokain verwechselt
weiß möglicherweise
auch nicht auseinanderzuhalten
den Unterschied
zwischen einem zufällig
herbeigeputschten Atomkrieg
und konsequenten Abrüstungsverhandlungen

Ein Vorschlag an
die US-amerikanische Bevölkerung:
Bei der nächsten Wahl
alzheimergefährdete Kandidaten
besser ins Filmstudio schicken
und vorher
ein gerecht funktionierendes Wahlsystem einführen
denn wer braucht in der Welt noch
amerikanische Rambopräsidenten?

Terror in Amerika.
Widerreden und Hauptreden

Innehalten
das tausendfache Sterben realisieren
die Menschenschicksale erkennen
die Trauer annehmen
nichts aufrechnen
alles zur Ruhe kommen lassen
was sonst so laut tönt
sich nicht von
medialer Sensationsgier
das Gewissen vergiften lassen
vor aller Deutung
die ungeheure Tragik wahrgeben
und ganz Mensch sein
nicht Instrument
sich mit aller Schuld
nur an die wirklich Schuldigen richten

Amerika im Zentrum geköpft
das trägt seine Vorzeichen
überall auf der Welt mitgemischt
zu oft zerstörerisch
sich als Großmacht aufgespielt
an viele Orte Todesboten geschickt
hochgerüstet bis an die Zähne
und kein Ende im Waffenwahnsinn
mit der eigenen Militärmacht
sich immer wieder offensichtlich
als Zielscheibe präsentiert
so darf man sich nicht wundern
wenn irgend jemand
darauf auch anschlägt

Vietnam ist nicht vergessen
Amerika es sind deine Millionentoten
deine entlaubten Wälder
wer finanzierte die Contras in Nicaragua
für ihre Mordtaten
was hast du in Angola verbrochen
wer stützte das Rassistensystem in Südafrika?
hunderttausende Menschen
verhungerten im Irak
sie wohnten am falschen Ort
zwischen Aushungerfronten
wie ist das mit den Abstechern
in Lybien und Grenada
mit den Splitterbomben für Zivilisten in Jugoslawien
wo überall verübte der CIA Terror?
Amerika es sind deine Schandtaten
die neben den Welthandelstürmen stehen
es war und ist dein Kriegsterror
der vom nun gebrandmarkten Pentagon ausging
wo die nächsten Angriffe
schon wieder geschmiedet werden
es ist deine Sprache
mit der du getroffen wurdest
es ist dein Niveau
du bist auf dich selbst gestoßen

So oder so
es bleibt eine doppelt blutige Anklage
das Welthandelszentrum
zum Einsturz zu bringen
gegen wen wurde da gehandelt
wo überall sind Gelder geflossen
in die Kanäle der Reichen und Korrupten?
wieviel Elend und Hungertod
steckt in gestürzten Aktienkursen
wieviel Unrecht ließ man zu
das der Boden
für solche Fanale bereitet wurde
sich immer mehr auswächst
Überhand nimmt
Gewalt sich in Gewalt verstrickt?

Internationale Gerichtshöfe
sind für Terroristen gut genug
man muß sie nicht
mit gnadenloser Hetze
zu globalen Helden küren
und mit Angriffskriegen auf sie zielen
die viele Unschuldige treffen
offenbar wollen westliche Regierungen
keine demokratischen Antworten mehr?
vom Auslöschen wird gesprochen
auf Nachrichtenkanälen
kommt einem das nicht bekannt vor
ist nicht genug ausgelöscht worden
in den letzten Jahrtausenden
aufgeschichteter Männerherrschaft?

Alle werden in Sippenhaft genommen
die im falschen Land wohnen
weil die Regierung nicht mit Amerika kooperiert
Terroristen nicht ausliefert
und in Afghanistan flüchten die Menschen
diesmal vor den angedrohten NATO-Schlägen
schon aus blindem Wortwüten
gebiert sich die nächste Tragödie
und man hält
es nicht für nötig einzulenken
dann schlagen die Bomben
und Raketen ein
und es fällt gar nicht auf
das dies eine gigantische Kampagne
zur Rekrutierung neuer Terroristen ist
bei verbrannten US-Flaggen
und Präsidentenpuppen
in der islamischen Welt
wird es nicht bleiben

Medien und Politik inszenierten die Anschläge
zu einem gigantischen Dauerspektakel
die Terroristen hätten sich
keine willigeren Helfer
für ihre Botschaft wünschen können
jeder weiß jetzt
Anschläge dieser Art
sind die beste Möglichkeit
die westliche Welt
bis auf das Blut zu reizen
sie ist angreifbar und besiegbar
durch ihre zur Schau gestellte Überlegenheit
das ist ihr Scheitern

Jeden Tag könnte man
zehn mal die New Yorker
Handelstürme einstürzen sehen
aber Medien interessieren sich
nicht für den Hungertod,
den Tod durch bittere Armut
oder Kriegsfolgen
drei Tage im Fernsehen
auf allen Kanälen
nur Berichte oder Bilder
wie dieses Sterben aussieht,
was seine Ursachen sind
und jeder wüßte im Vergleich
zu drei Tagen Dauerberichten
über die Anschlagsserie
wie einäugig unsere Wertewelt
daherkommt

Jeder muß jetzt begreifen
ganz besonders die Politik
ein Krieg der irgendwo angezettelt wird
oder wirtschaftliche Ausplünderung
die wir anrichten
kann in Rache münden
die organisiert und irrational zurückschlägt
und ein paar Flugzeugabstürze
auf Atomkraftwerke
eingesetzte biologische Waffen
oder ähnliche Attacken
reichen aus
um die ganze westliche
Überheblichkeit
an einem einzigen Tag
für alle Ewigkeit
zum Verstummen zu bringen
nichts wird dagegen
ein wirklicher Schutz sein
nur der Selbstbetrug
kann noch ausgebaut werden

Israelische Schattenseiten

Gelieferte deutsche Panzerteile
treffen zielgenau
neu errichtete Institutionen
aus EU-Hilfsgeldern
schießen den palästinensischen Staat
in Schutt und Asche
niemand will eine Mauer errichten
doch Israel legt Wert
auf einen antiterroristischen Schutzwall
um sich zu verteidigen
gegen die selbst angestifteten
Verbrechen

Zu einem Frieden addieren
lassen sich von Selbstmördern
zerfetzte Israelis nicht
mit Massakern an Palästinensern
blankem Haß auf beiden Seiten
doch für die alten und neuen Kriegszüge
säße Staatschef Sharon
längst neben Milosevic
auf der Anklagebank
würden westliche Regierungen
nicht Kriegsverbrechen decken
für die sie anderswo
schon Bombenteppiche legten

Jene die lauthals Partei ergreifen
für das israelische Rechthaben
im Kampf um Raum
die müßten erklären können
wann die Besitztitel von Land
zurückgegeben werden
an palästinensische Familien
deren Siedlungen
einst von israelischen Bulldozern
platt geschoben wurden
wann entschädigt man
die Millionen Flüchtlinge
vertrieben in Wüstenlager?
wer kommt auf
für zerstörtes Hab und Gut
wann lernt Israel dazu?

Zur ideologischen Festigung

Jeder bekommt
jetzt einen Ausweis
um zur uneingeschränkten Solidarität
beizutreten
im Falle von Terror, Krieg
und anderen Gelegenheiten

Schon in der Schule
wird das zur Pflicht
Markenkauf
für jeden Monat
als eingeklebte Versicherung
deutsch-amerikanischer Freundschaft

So kann man fortführen
was schon in der DDR
gegenüber der Sowjetunion
gründlich gescheitert ist

Gehäufte Fälle

angreifen
zerbomben
absichern
etwas humanitäre Hilfe
            dann investieren
            bestimmen
            einkassieren
            ausnehmen

Es gibt räuberische Staaten.
Nenne drei Beispiele!

42

kehrenUm!
Alles ist anders herum!

Schlagt euch die Köpfe ein
schickt ihnen Terroristen
auf den Hals
reizt sie bis auf das Blut
laßt keine Gelegenheit aus!

Opfert eure Staatsspitze
ein paar Kämpfer dazu
viele Unschuldige sterben
nehmt es in Kauf
dafür geht es danach aufwärts!

Mit allem Rüstzeug
kommen sie dann
probieren ihre neuen Bomben aus
alle berichten über euch
laßt euch Friedenskonferenzen bereiten
bis die Finanzhilfen üppig fließen!

Vergessen sie euch später
dann schlagt euch wieder
die Köpfe ein!

Flucht

Grau um grau getürmt
wie will man fortziehen
Brücken weggespült
nur Sand
bleibt liegen
abgelagert
Menschenreste

Schicht für Schicht
siegt Schnee
jede Sperre weiß
sie sind
dorthin gegangen
wo nichts mehr
aufhält

Ungewisse Heimkehr

Jeder Sieg
wandelt uns
Schatten zu Staub
versunken in Flüssen
gemeißelt in Spiegelschrift
über Jahrtausende
bleibt die gesammelte Last
verlorenen Glücks

Im Fluchtpunkt
pendelt die Balance
zwischen den ungehörten Welten
zwingt uns der Rückzug
in die eigene Wahrheit
zu neuem Wort

Apokalyptische Spuren

Die drohende Stimme
zieht ihre Netze ein
im Fang die Gewißheit
nicht zu genügen
selbst wenn man
das Beste gäbe.

Die alte Zeit
geht zur Neige
hinterläßt uns
Seilschaften
bis in unsere
eigenen Abgründe hinein
gleich neben
den rettenden Keimen
die verzweifelt
um Licht
ringen

Das Grabmal

Lebensadern
verbaut in Pyramiden
unsterblich
die Sucht
mit totem Geist
zu promenieren

Die vielen Gänge
im Innern des Bauwerks
abgesteckt als Gefängnis
für alle
die noch kommen

Die Fehlerberge
türmen sich
himmelwärts
immer schneller
wächst die Wüste
aus Pyramiden
wie ein Kreuzzug
gegen unverdorbene Freude
und die Wärme
zum Leben

Weltenkreuz

zu Awdi Kallistratow in
Tschingis Aitmatows Roman „Die Richtstatt"

Gott
hast du dir geschickt
als Botschaft
an die Welt
nahmst dir die Freiheit
zur Nachfolge
für eine Schneise
im Gewühl
menschlicher Barbarei

Nichts bleibt
als der eigene Opfertod
und das Wagnis
vom zweifelhaften Vorbild

Warum scheint falsch
wo es kein Richtiges
mehr gibt?
welche Arche
soll noch retten
in einer Welt
voller Rauschgiftsammler,
Wilderer
und stiller Teilhaber?

(Awdi Kallistratow ist eine der Hauptfiguren in Tschingis
Aitmatows Roman die „Richtstatt". Aus dem Priesterseminar
schließt man ihn aus. Später will er die christliche Botschaft
im alltäglichen Leben vermitteln. So versucht er Rauschgift-
sammler und vom Staat georderte Wilderer, die Saiga-Antilo-
penherden abschießen, von ihrem Treiben abzubringen. Er
wird schwer mißhandelt und an einem Saksalbaum gekreu-
zigt.)

Unvermeidliche Provokation

Du bist
ein Tänzer
im Eisskelett
eine Marionette
an den Fäden
festgefroren
du bist verkauft
und lebst
an dir
den ständigen
Verrat

Ins Uhrwerk
fesselt dich
der Tag
du dienst
dem Götzen
bewegst dich
nur noch
wie eine Maschine
und die Krankheit
verschließt dir
die Poren
und kein
Konsumdope
lindert mehr ...
Merkst du es noch?

Den Machern
dringt kein Notruf
an ihr Ohr
im Wunderwerk
blitzen Messerscheiden
schon im Grund
Sturm peitscht
auf das
andere Leben
Grenzgänger
werden
zugeführt

Gegangen

für meinen Freund Rudolf Bahro

Die Berge rufen nach dir
der Schnee, das Endlose
es ist das Letzte
das Ganze
und alle Ebenen
liegen dir zu Füßen
es ist getan

Geborgene Hände
füreinander
bleiben ein Bund
über alle
geteilten Meinungen hinweg
und selbst dein neuer Ort
vermag ihn nicht zu brechen

Es wird vielleicht
noch gefragt werden
nach solchen wie dir
die schon
etwas wußten
wo viele noch nichts
wissen wollten

Das Menschenbeben
kommt ohnehin
es wird vielleicht
etwas getan werden
aber werden wir uns
wieder nur etwas antun
oder reicht es
diesmal für mehr?

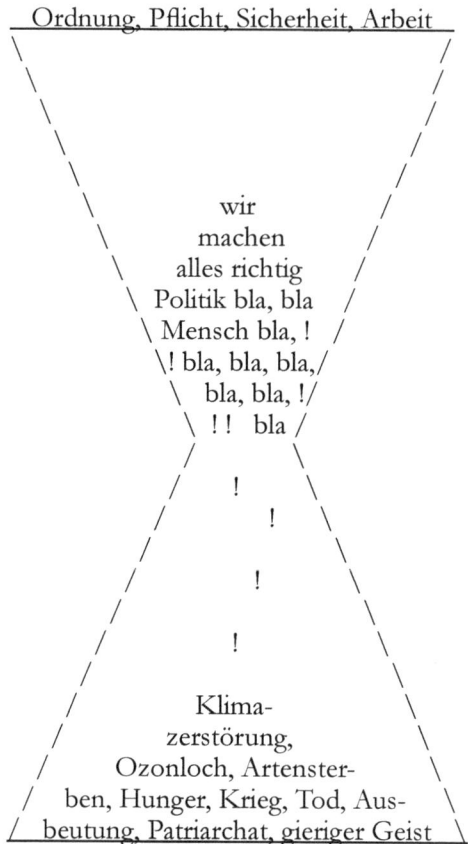

```
 Ordnung, Pflicht, Sicherheit, Arbeit
\                                    /
 \                                  /
  \                                /
   \                              /
    \                            /
     \          wir             /
      \       machen           /
       \    alles richtig     /
        \  Politik bla, bla  /
         \ Mensch bla, !    /
          \! bla, bla, bla,/
           \  bla, bla, !  /
            \  ! !  bla   /
            /            \
           /    !         \
          /        !       \
         /                  \
        /         !          \
       /                      \
      /       !                \
     /                          \
    /         Klima-            \
   /        zerstörung,          \
  /      Ozonloch, Artenster-     \
 / ben, Hunger, Krieg, Tod, Aus-  \
/ beutung, Patriarchat, gieriger Geist \
```

Sanduhr

50

Sinnfragen

Lohnt es sich
noch anzukommen
oder wegzugehen
wo alles schon
befestigt scheint
und die Schatten
nahenden Unheils
über allem liegen?

Oder ist es
eigene Trägheit
die keinen Platz mehr läßt
für wirkliche Taten
weil sich alles
von selbst fügen sollte
und kaum jemand
verantwortlich sein will?

Oder sind es Politiker
die nicht sehen
das sie viele Dämme
an verkehrten Stellen bauen
und diese nicht tauglicher werden
wenn man sie erhöht?

Oder sind es die Magier
mit den großen Zahlen
die nie genug bekommen
von den Reichtümern
aus unseren neuen Türmen
zu Babel?

Oder reicht es
nur nach Schuldigen zu fragen
wo die Schuld
in jeder Seele wohnt
wo unendlich viel von ihr
abzutragen ist?

Oder lohnt es sich
noch anzukommen
oder wegzugehen
wo alles schon
befestigt scheint
und die letzten Chancen
gerade verspielt
werden?

Einspruch

Zu den Plänen für ein neues Holocaustdenkmal

Ein weiteres Mal
will man gedenken
und man sinnt
über ein Denkmal nach
sehr verschieden
wie man hört
für die Toten
des Holocaust

Aber denkt ihr auch an jene
die noch gar nicht tot sind
es aber bald sein werden
weil Hunger nicht wartet
und denkt ihr auch
an unsere Mitschuld daran

Und denkt ihr auch an jene
die noch gar nicht geboren sind
wie wir sie
ins offene Messer laufen lassen
und sind wir alle nicht schon
das Betriebspersonal
des neuen „Auschwitz"?

Denken wir zunächst
an die lebenden Toten
und das wir keine neuen Denkmäler brauchen
für die die durch uns sterben
und wenn das Leben
wieder dem Leben gehört
dann gedenken wir auch
der Toten der Nazibarbarei
und vergessen nicht die Toten
der europäischen Kolonialzeit
rund um den Globus
und die Hexen und Ketzer
die verbrannt wurden
gedenken der Millionen
die im sowjetischen und chinesischen
GULAG umkamen
und gedenken aller
die hätten nicht sterben müssen
wenn Denken auch
Nachdenken gewesen wäre
und nicht organisiertes Verbrechen

Stiller Verlust

Dörfer, Städte und Landschaften
scheinen nicht mehr die gleichen
sie wurden mir fremder
wie ein Film
aus einer kaum gekannten Welt
und ich hatte es
noch ganz anders gesehen
so kurz ist es her
überall die grauen Schleier
nie konnte Neues genug sein
und nun baut und wuchert
alles auf einmal
und eine sichere Angst
schlägt an

Bahn frei!

Im Land der toten Gleise
hier herrscht der Rost
der Kunde ist nicht mal mehr Bettler
er kann sehen
wo er bleibt
der Zug ist abgefahren
mit lauter Autos
ist kein großer Bahnhof zu machen
Signal Rot
freie Fahrt
für reinen Irrsinn
die Schnellgesellschaft
überholt sich selbst
tote Gleise, tote Zukunft
Film rückwärts
Signal grün

Wenn man will
das dieser Zug sich lohnt
darf in dem Bahnpreis
nicht mehr Wucher galoppieren
Service im Nirgendwo verlaufen
so wie im Grün
die Gleise schwinden
und niemand kommt mehr an
der sich nicht selbst versorgt
so kommen wir nicht weiter
neue Gleise braucht das Land!

Der Park

Gelbe Krokusse
noch blühen sie
die Bäume
hat es schon erwischt
abgesägt, zerstückelt
man läd sie gerade auf
jetzt blüht uns
eine neue Immobilie
das Geld schnappt zu
die Erdhaut
wird schon aufgerissen
Beton, Stahl und Glas
türmen sich empor
die Steinschlucht
die mal Friedrichstraße hieß
man sollte sie
Architektenungeheuer taufen
aber wer braucht denn
auch noch Parks, Bäume und Vögel
so was Altmodisches
wo wir doch bald
umzingelt sind
bis zum Abgesang
tönt Vögelzwitschern
aus Lautsprechern
und Bäume wachsen per Video
einfallslose Umweltschützer
das die nicht
selber darauf kommen

Berlin, Bahnhof Friedrichstraße

Rechtfertigung! Du liebe Bauherren

So hatte ich das nicht gemeint
wollte nur einen dichterischen Spaß treiben
wer hat euch das verraten
mit der Videogeschichte?
Fernseher an der Bauabsperrung
besucht mich wer heimlich
und liest meine unveröffentlichten Gedichte
an Telepathie glaube ich eigentlich nicht
jetzt müßt ihr nur noch
Bäume, Parks und Vögel zeigen!

Zum Hintergrund siehe das Gedicht „Der Park". Es ent-
stand, noch bevor die Baugrube ausgehoben war.

Vom Ungang der Geschichte

Schaffe, schaffe
Häuser geraten riesengroß
kein Halten mehr
neue Arbeitsplätze brauchen wir
König Midas wäre baff
das Gold ist überlistet
lobt unseren Autokanzler
das Bruttosozialprodukt
steigt, gestiegen, Abstieg
das Regieren, das Geldmachen,
das Lohn bekommen
die Taktik der verbrannten Erde
die braune Revolution
ist überflüssig
diesmal siegt
die „überlegene" Generation

Wo seid ihr?
schlafen im Schaffenland
nichts wissen
blind hineinlaufen
wo sind die Vordenker?
gibt es nur Höhlenbewohner
die nie das Licht kannten
entsteht der Menschenbund
für eine geistige Umkehr?
wo ist der Aufstand
für die Brücke
in ein Morgen?
mit dem Unrecht
nicht alles
in Flammen aufgehen lassen
beginnen die Menschen
in unseren Herzen und Hirnen
die einen Ökokanzler
auf die politische Bahn schicken?
bereit werden
für eine Zeitenwende
das eingeübte
Wegsehen verlassen
ablegen vom
Ungang, dem Schaffen, dem Schlafen

Wenn nichts mehr trägt

Zehren von den
letzten grünen Zweigen
schon möchte ich
hinter alle
meine Gesichter treten
und die Spur verwischen
die noch bleibt
und nicht mehr
zurückkehren in die
täglichen Lügen

Manchmal
zieht ein Sog
unausweichlich
in lichtlose Gassen
selbst die Stille
hält dann kaum
die gebrochenen Teile

Flügel
von täglicher Last
beschnitten
vielleicht wachsen
sie wieder nach
Fluten reißen weg
was nicht mehr trägt
zurück bleibt
bitterer Satz
und ein wenig
neue Haut

Der Tempel

Wieder eröffnet ein Tempel
Viele Dinge rufen mir zu:
„Kauf mich
du wirst dich
dann besser fühlen"
und alles blendet mich an
prunkvoll und gewienert
doch die Farben verschwinden
der Tempel verfällt
niemand bemerkt es
überall Leichengestank

Dichter Nebel
der Tod tritt auf:
„Eh ihr's begreift
was ihr so treibt
hab ich schon
tausendmal gewonnen
ihr seid zu dumm
seht es doch ein
was willst du ändern
wo du kaum
über deinen eigenen Schatten reichst
sei blind
gib dich geschlagen
leb deine Jahre noch
oder nimm dir 'nen Strick
und komm zu mir
hier ist alles getan
was zu tun war
es ist verdorben"
So sprach der Tod
und verschwand

Die Kassen fiepten
und die Menschen
verließen den Tempel
mit vollen Beuteln
nichts war passiert
sie konnten den Tod
nicht hören
und selbst wenn
wäre er nur
ein unpassender Werbespot

Genopoly

Gut ist, daß jemand weiß
es gibt genmanipulierten Mais
der kommt per Schiff im Hafen an
Greenpeace hängt Plakate dran

An vielen Stellen manipulieren
Konzerne, die nach Profiten gieren
sie wollen an den Genen biegen
damit sie noch mehr Geld reinkriegen

Die Pflanzenwelt übergibt sich dann
wenn sie sich nicht mehr regenerieren kann
man wundert sich, es ist fatal
Allergien sind eine Qual

Die Gene werden patentiert
die Bauern sind dann angeschmiert
müssen jährlich Saatgut kaufen
damit die Aktienkurse laufen

Das Geständnis

Befrager I:
Was wollen Sie überhaupt
Sie übertreiben doch
Sie malen uns hier
schwarze Gespenster an die Wand
gewiß wir müssen
noch einiges tun
damit wir unsere
ökologischen Probleme lösen
aber radikaler Verzicht
ich bitte Sie
solch Unfug wird sich
nicht durchsetzen
das nimmt Ihnen
niemand ab

Der Verhörte:
Was könnte ich Ihnen sagen
was Sie nicht wissen würden
wenn Sie es wissen wollten
jeder kann sehen
es geht in ein bestialisches Zeitalter
Sie wollen Fakten
man könnte Sie haben
das Ignorieren ist System
auch wenn wir nur
einen Bruchteil fassen
der Schlund mit seinem Sog
alles ist bekannt
er könnte Sie jeden Morgen grüßen
Sie würden ihn nicht registrieren
so kann ich Ihnen nichts sagen
was nützen könnte

Zwischenruf:
Ist unwirklich
was noch nicht
geworden sein kann
bleibt nur das Jetzt
wie eine Falltür
zwischen Holzwegen
wohin fließt das Gewordene
erstarrt es versteinert
aber bereit für jede Form
die aufkommt
mit dem Stillstand

Befrager II:
Sie sind Mittäter
wir sehen ein paar mildernde Umstände
aber im Ganzen waren Sie eingepaßt
in das mörderische System
gegen uns

Der Verhörte:
Ja, ich bin schuldig
ich tat nicht
was ich tun konnte
gefangen war ich in Ausreden
und echten Zwängen
hatte nicht die Freiheit
zu tun
was ich für nötig
gehalten hätte
auch wollte ich nicht
alles an den Nagel hängen
hinausziehen in einen Bauwagen
oder Ähnliches
und leben von dem
was die Zivilisation
übrig läßt
und auch das nur
als eine Notlösung

Zwischenruf:
Einsicht oder Wegsicht
was wird gerade versehen
getarnte Absicht
abserviert mit gutem Willen
doch Gründe sichten nicht nur
einen klugen Pfad
klar und logisch
reicht manche Hand
nur halb und halb
und doch ein Stück
zurecht

Befrager I:
Nun also, wir haben
zu konstatieren
Sie wollen sich
nicht einfügen in die
Gepflogenheiten unserer Zeit
tragen Sie die Konsequenzen
es geht uns nichts an
wir werden Sie ignorieren
wie fast alle anderen auch
Sie sind eh erledigt
es erübrigt sich ein
Urteil zu sprechen

Verhörter:
Gut, das Sie so viel wissen
es war nicht anders
zu erwarten
hoffentlich wissen Sie
auch dann noch Bescheid
wenn uns der Laden
um die Ohren fliegt
es uns an den Kragen geht
und der Notstand
zur täglichen Mühsal wird

Zwischenruf:
Was will hier auftrumpfen
liiert sich die Ignoranz
mit dem Nicht-weiter-wissen
was will uns hier
noch entgegenkommen
werden hier bald
nur noch Hüllen
gegeneinander kämpfen
obwohl eine Seite
hinüberreicht?

Befrager II:
Gut Sie bekennen
sich schuldig
das reicht uns nicht
solche Rede ist billig
zu haben
wir wollen das Sie
zu den Botschaftern gehören
für unsere Generation
das ist unsere Mindestforderung
aber nicht nur sie allein
wir suchen mehr Menschen
mit diesem Auftrag
und Sie sind
mit verantwortlich dafür
das ist unser Votum
und wohl auch die einzige Chance
für euch in uns

Verhörter:
Gewiß brauche ich nicht
ausführen
mir ist höchst unwohl
in meiner Haut
und würde gerne ändern
was zu ändern ansteht
mir ist ihr Wunsch vertraut
ich will tun
was ich vermag
aber ich bin nur Mensch
und was hier zum Zug
kommen muß
ist so gänzlich gegen
die bisherige Richtung
von Menschenwerk gesetzt
aber es zu versuchen
scheint mir Gebot

Zwischenruf:
Zutreffendes bitte
zwischen die Zeilen schieben
alles gut verschichten
der Sarkophag ist fertig
oder den Nagel prüfen
an den man etwas
hängen möchte
es mag echt sein
doch liegt soviel
daneben und auch
anderswo

Menschenbote

gewidmet Tenzyn Gyatso,
14. Dalai Lama

Irgendwann
gewöhnt man sich selbst
an seine tiefe, kratzige Stimme
einfacher buddhistischer Mönch
will er sein
und der Pfad liegt offen
eine Einladung
mit bunten Stoffwimpeln

Auf dem Himalaja
inmitten der Tragödien
ein weises, kräftiges Lachen
man möchte sogar glauben
er könne tatsächlich
wiedergeboren werden
wie oft sonst
lösen Diplomaten
für das Menschliche
ein
was durch sie
versprochen sein könnte?

Geboren als Yak
oder Wolf
in irgendeiner anderen Zeit
tritt nicht nieder
was du im nächsten Leben
selbst sein könntest
oder bist du schon dort angekommen
wo kein anderes Pochen mehr
an dich heranreicht?
wachse als Baum
und halte das Wasser
am Berghang

Nicht nur er selbst
auch seine Bilder
leben in der Verbannung
versteckt als heilige Botschaft
Buddha selbst
könnte nicht wirklicher
Zeremonie übersteigen
so mögen die Zeichen aufscheinen
jenseits überkommener Regeln
das ein Nachfolger
in einfachem Mönchsgewand
bewahren und erneuern kann
über alle Theokratie hinweg
im Angesicht
wirklicher Gottheit

Tibetisches Drama

Einmarschieren
kann man
um sich endzusiegen
in Tschechien, Polen
und dann in ganz Europa
alles mit sich reißen
zu verbrannter Erde
oder man kann einmarschieren
um zu schützen
vor imperialistischen Mächten
auch wenn keine vorhanden sind
und dann meinen
China läge schon immer dort
und diese Lüge
auch noch glauben
um sich einzuhüllen
in diese Wahrheit
bis nur noch
wenige widersprechen
kaum noch jemand weiß
andere nicht wissen wollen
das es überhaupt
einen Einmarsch
gegeben hat

6241
das ist nicht die Zahl
der abgebrannten Synagogen
in Nazideutschland
sondern die
der zerstörten Klöster und Tempel
in Tibet
aber viel schlimmer
ist eine andere Zahl
die der Menschen
die verhungert sind
in Lagern zu Tode gequält
oder einfach erschossen
1,2 Millonen siegten so
für den Aufbau
des Sozialismus
für die neuen Herren Unterdrücker
die ihn predigten
in hundert Blumen
und großen Sprüngen

Deutschland war höher dotiert
im Kriegen
im Töten
aber bleibt nicht jeder Mord
ein Mord zuviel?
Konnte nicht nur
ein einziges Mal
gestorben werden
hier wie dort?
Wieviel Würde bliebe
wollte man
aufrechnen?

Das Schauspiel geht weiter
die roten Kaiser
kommen und gehen
es wohnt sich gut
auf fremdem Land
es könnte nicht besser sein
wenn man sich nimmt
was man so braucht
Häuser baut für tausende Chinesen
was stört es
wenn andere statt dessen betteln müssen
Berghänge baumlos werden
und Heiliges nicht mehr zählt
jeder Protest erstickt
unter fremden Stiefeln
Tibet heißt immer noch China
wie Polen Deutschland heißen würde
wenn alles anders gekommen wäre

Manche Knechtschaft währt lange
manche hebt sich von allein auf
es soll sie geben
die Fügung
von gerechterem Wesen
doch den hohen Herren zu Peking
ist dies ein zu ferner Planet
so kann nur helfen
die Tibeter wählen frei
wer künftig sie regiert
und ob ihr Land
noch China heißen wird

Gefährlicher Befall

Sie nehmen sich
das einfach heraus
Nadelöhre fürchten sie nicht
längst sind sie selbst der Tempel
überall saugen ihre Tentakeln an
was andere hart erarbeiten
spekulieren es
in ihre eigenen Kanäle
wer dabei verhungert
oder wer Analphabet bleibt
steht nicht
auf ihren Kontoauszügen
noch nennt man sie nicht Parasiten
schlecht nur
wenn es die Befallenen
nicht rechtzeitig bekämpfen

Hochmut

Nähmen wir an
es gäbe in Deutschland
ein Gebiet
in dem die Menschen
nicht zu diesem Land
gehören
weil sie nie
zugehörig waren

Nähmen wir an
eine deutsche Regierung
würde unzählige Dörfer
in diesem Gebiet
dem Erdboden gleich machen
und ein anderes Land
lieferte Panzer
für diesen Völkermord

Nähmen wir an
von den Abtrünnigen
würde sich jemand anschicken
jener fremden Regierung
mit Mordanschlägen zu drohen
so müßte man dies
nicht gut finden
aber verstehen

In Deutschland
will man aber
nichts davon wissen
warum Kurden
gegen die Willkür
des türkischen Staats
und die Hilfe
deutscher Panzer
nicht immer friedlich
demonstrieren
auch wenn man dies
nicht gut finden muß
aber schon Angst
haben sollte
vor den
Verständnislosen

Kinder

Unberechenbare Straßen
tragen ihr Zuhause
unvollkommen
wie die kurze Flucht
in die Rauschdämpfe
vom Klebstoff

Der kleine Raubzug
oder ein Freier
als Gnadenfrist
bis zur nächsten Malzeit
wenn es reicht
auch ein Randstück
vom Glück
immer auf der Flucht
vor Polizeiknüppeln
oder einem tödlichen Schuß
irgendwoher

Würden plötzlich
alle Schulden
in Menschlichkeit
gewertet
so wären
die reichsten Stände
dieser Welt
verarmt
und keine Straße
müßte abgeschriebene Kinder
einsperren

Angolanische Rechenart

Vermint mit Diamanten
übersät das ganze Land
blutrote Schönheit
aus Halsketten und Ringen
beglichen mit Bürgerkrieg
in dem die Führer
immer reicher aufsteigen
wo zerfetzte
Arme und Beine
den Erfolg ihrer Politik
bemessen

Geplünderte Dörfer
als Proviant im Kampf
Erdöl fördert billig
den Erlös
von dem man
neue Gräberfelder züchten kann
die Gewinne florieren
der Krieg braucht Schub
da fällt viel ab
auch anderswo

Afrika

Ägypten zählte 31 Dynastien
die Griechen haben viel Wissen geliehen
damit hantieren wir noch heute rum
Afrika war doch nicht dumm
wo wären wir geblieben
hätte man dort nicht Wissenschaft betrieben?
die erste Megamaschine kam zum Zug
Ausbeutung gab es mehr als genug
andere Völker lebten vielleicht besser
ihre Spätfolgen liefern uns nicht ans Messer
so hat geschichtlicher Gang seine Tücken
es bleibt viel zurechtzurücken

Zerrissene Adern

Wie eine Ratte
kralle ich die Wände hoch
um nicht im eigenen Sud
zu ersticken
und an den Höllen auf Erden
an dem kommenden Morden
und alles schreit
in mir
will noch nicht aufgeben
und muß weiter verlieren
einstweilen
scheint es
nur so zu gehen
alles andere
wäre schöner Schein
wo sich die Schuld
täglich höher schichtet
auch die eigene
und Gnade
gefangen bleibt
und die Menschen
die ich nicht geschützt habe
unzählbar werden
ein Brandmal
in der Seele
und die Ratten
kriechen weiter
an Bord

Die Inländer

Berlin-Friedrichshain, Dezember 1999

Warten, Verkehrslärm
zwei Straßenbahnsteige
getrennt durch die Schienen
eine unwirklich laute Stimme
gegenüber
wie ein Schrei
„Du dreckige Fidschisau – hau ab!"
schweigen
und erst begreifen
dieser Satz
setzt alles außer Kraft
und anfangen
die Lippen zu bewegen
die Augen gegenüber suchen
sich dem Schrei stellen
und nicht laut genug sagen
was zu sagen ist
gleiches nicht
mit gleichem beantworten
und doch verstehbar reden
nicht schweigen
mit dem Betroffenen sprechen
und doch wissen
es hat nicht genügt
im großen Ungenügen
und mehr tun müssen
gegen einschlägige Worte und Taten
in der Politik
und anderswo
und gegen sich selbst
das laut geredet wird
wo es nichts zu schweigen gibt

Ohne gezüchtete Dornen

für Robert Havemann

Von eigenen Tabus
losgekettet
versteinerte Versprechungen
nicht mehr hingenommen
nicht aufgehört
aufsässiger zu werden
die Machthabenden
abgehört und umstellt
Visionen entfesselt
nicht aufgegeben
zu suchen
und keine Sperren
und Augen und Ohren
konnten ihn aufhalten

Geblieben ein paar Straßen
nach ihm benannt
geblieben ein zugewuchertes Grab
und Gerichtsprozesse
in denen es
nichts mehr
zu gewinnen gibt

Wer riskiert noch
das Wagnis Ökotopia?
wo wachsen die Fragen nach
wann ist die Bühne frei
für Stürme aus Schwalben?
wer fühlt noch
nach künftigen Welten
ohne gezüchtete Dornen?

(Robert Havemann avancierte neben Rudolf Bahro in der
DDR zum prominentesten Regimekritiker und Staatsfeind
und fragte in seinem Buch „Morgen" nach einer Gesellschaft
mit menschlichem Antlitz jenseits der östlichen und westli-
chen Systeme. Das Grab fand ich so noch Anfang der 90er
Jahre vor)

Deutscher Einheitstag

Ein arbeitsfreier Tag
sonst nichts
das reine Nichts
hat sich abgefeiert
die Einheit
selbst dort
wo noch Restposten lagern
er ist abgeheftet als Relikt
wer kennt schon noch
den Sedanstag
die nächste geschichtliche Wende
kommt ohnehin
bei der die rote Zahl
im Kalender
wieder schwarz wird
gestrichene Staatsfreude
wie am siebenten Oktober
weil das befeierte
zuviel Feindschaft auf sich zog
aber am Ende
wechseln nur die Titelblätter
hinter denen
jeweils alte oder neue
Entmündigung
und Selbstentmündigung
weiterwächst
aber die Frage bleibt:
wie lange noch?

Alles klar?

Wer will denn hier mauern?
alles in Butter
Beton weggespechtet
da gibt es keine dummen Nachfragen
die hat es nicht zu geben
Deckel drauf
alles schön stubenrein

Wo seht ihr Mauern?
wir sind jetzt die Einheit
da ist kein Platz
für Trennwerke neuer Bauart
die Marktwirtschaft
ist endgültig auf der
Siegerstraße

Wo führt sie denn hin?
hatten wir solche Verkehrsprobleme nicht schon?
diesmal auf flexible, dynamische Weise
die Hälse wenden?
kann das einem nicht das Genick brechen?

Von der Vergangenheit

an die PDS

Habt ihr euch erkundigt
welche Wunden
noch in die Seelen
gefurcht sind
nicht jene
die große Lettern
in den Zeitungen fügen
sondern jene
die keiner mehr sieht

Hört ihr das Klingeln
mit dem jemand abgeholt wurde
bis auf weiteres
und immer wieder
die Schrecksekunde
bei unerwartetem Klingeln
kennt ihr noch die Aufforderungen
mit denen man sich zu melden hatte
die Folgen
und so vieles andere

Sind es nicht zu wenige
die dafür ein Ohr haben
wo leichte Erklärungen
und Lippenbekenntnisse
noch nie hinreichten
hängen nicht zu viele von euch
schon wieder
an alten Gewißheiten
neu aufgebügelt
auf das die Falten
verschwinden mögen

Schnell, schnell
vergessen wir was war
nur Politik und Programme
gegen die neuen Herrschenden
sind wichtig
sagt ihr nicht
müßt ihr aber meinen
wenn man euch zusieht
wie ihr auf Vergangenheit
trefft

Abkehr

Menschen
die ihr seid
nur das trägt euch
flieht aus den Sackgassen
zwischen Osten und Westen
vor den Schützengräben
den Geschossen
es trifft uns nur selbst
die Summe zählt

Seht uns rinnt
der Sand
aus den Händen
unser Vorrat
geht zur Neige
kommt
laßt uns
um unsere Heimstatt
ringen
haltet doch offen
Mensch zu sein

89er Wende. Abgelegte Chancen

Unzählige Menschen mit Transparenten
rücken die Macht um
jene die ins andere Deutschland gehen
hinterlassen ihren Druck
Panzer bleiben in Kasernen
die Menschen auf den Plätzen der Republik
neue Farben und Gesichter
wie Fenster
zwischen Buchstabenschwere
Zeitungszeilen aufgestoßen
die Zwischenräume dürfen nun selbst
zur Sprache kommen
gewonnener Mut setzt sich
über bisher gültige Ewigkeiten hinweg
der bleierne Mantel
weicht ungeklärten Maßen

Dann fällt die Mauer
und immer mehr fällt mit
zur Wahl steht nicht mehr
ein besseres System
nur noch Parteien
gehen auf Stimmenfang
wo das Alte erst halb abgetreten ist
steht die neue Unfreiheit
schon längst bei Fuß
die Stasi ist kaum demontiert
da werden Verträge aufgesetzt
wie nun der Westen
bis an die Oder reichen soll

Der Wohlstand mit der starken Mark
hat es vielen Menschen angetan
so weiß man sich im reichen Teil
in optimaler Übermacht
und plant alles
nach den eigenen Werten
gelernt hat man im Osten
das Mitmachen
darin war man gut
und konnte es
nun noch viel besser
und das gelegentliche Meckern
gehörte mit zu dem Geschäft
doch das schien vorübergehend
nur noch Nebensache

Mit der neuen Mark
schließt nun ein Werk
nach dem nächsten
viele blieben auf der Strecke
Wildost verbreitet sich
am Arbeitsplatz
auf geht die Saat
als neue Angst
für die Ungläubigen
sind Sicherheitsapparate
nun nicht mehr nötig
aber nicht wenige
fühlen sich auch besser
kein Schlange stehen mehr
im Delikatladen
fast alles ist zu haben
doch wie weit reicht das?

Die verpaßte Chance
ist nicht zurückzuholen
zu wenige suchten nach ihr
wo lag sie überhaupt?
sie wurde vertan
weil man nicht wußte
nach welchem System
man hätte suchen können
doch die Schattenseiten
leben weiter
sie sind nicht aufzuhalten
und im nächsten Umbruch
führen sie das Regiment
was wir nicht selbst
in die Hand nehmen
und beginnen
in uns anzufangen

Der Vorteil
den der Anschluß bot
liegt nach wie vor
in hohem Kurs
doch längst sind limitiert die Güter
kaum sichtbar zwar
doch es bahnt sich an
es gilt nur noch befristet
die Freiheit
die man sich nahm
mit aufgetürmtem Reichtum
die Zukunft abgegriffen
wie bei feigem Straßenraub
kehrt auch erneut
das Totalitäre
uns ins Gesicht
die Segel sind längst gestrichen
so läßt sich
nicht mehr wenden

Auf der Kippe

Jahrzehntelang werktätig
dann kommt der Westen
setzt an
die Schnitte kommen
nach und nach

Nun bist du das
was übrig bleibt
sei froh
solange du noch Arbeit hast
so spielt man alle
in die Ecke

Weggefegt
kommt man
im neuen Lande an
der Kriechgang
besitzt jetzt neue Beine

(für meinen Vater und alle anderen,
denen es ähnlich ergangen ist)

Vom Zug der Edelmänner

Es muß wohl Gründe geben
warum mich die Statements
von CDU-Generalsekretär Peter Hintze
so häufig an den „Schwarze Kanal"
von Karl Eduard von Schnitzler
erinnern.

Vielleicht weil beide
so gründlich davon überzeugt sind
den Leuten das Wort
mitten im Mund umdrehen zu müssen
ohne Rücksicht auf die Tatsachen
damit ihre Weste weiß bleibt
vertauschbar beim Reinwaschen
wenn nicht verschiedene Ideologien
in die Innenseiten
geschweißt wären
und man könnte fragen
wie sich unsere Edelmänner
hervortun würden
in der nächsten Tyrannei
jedem die
nach seiner Fasson

Ach ihr kommenden Anschärfer
redet nur weiter
mit Engelszungen
und freßt Kreide dazu
es gibt noch Großes
zu gewinnen
beim Verlieren

Das Volk kann gehen. Palastgedanken

In weißes Bauwerk
gerahmte braune Glasfassaden
Blick über die Spree
Springbrunnen
grüner Park mit Fernsehturm
– die meisten neuen
Berliner Regierungsbauten dagegen:
betonkalt, glassteif
und potthäßlich noch dazu

„Erichs Lampenladen"
Ort für Kultur, Vergnügen, Theater
und nur am Rande
einst für starrköpfige Politik
ein Haus für's Volk
dem auch das neue Deutschland
Antlitz geben hätte können

Unsere Kolonialherren
sehen Monarchenfassaden aber lieber
nichts für's Volk
das bleibt ihnen gestohlen
aber die Kosten tragen darf es
so wie einst für den
„Palazzo Prozzo"

Kaputtsaniert
war der „Palast der Republik" ganz schnell
ein Gleichnis dafür
wie mit den Menschen umgegangen wurde
die östlich des Limes wohnten
die gute Tat nur vorgetäuscht
mit dem Rest zusehen
wie man zu Rande kommt

Das Schloßmodell gehört
bestaunt ins Museum für Geschichte
der Bombenkrieg
hatte Ruinen nur hinterlassen
Ulbricht die Reste weggeräumt
alles keine Ruhmesblätter
jedoch Vergangenheit
schon lange

Aber passen würde es schon
die frühere Ordnung
in moderner Form zu errichten
schloßgemacht
mit Demokratie dekoriert
im Blutkreislauf der Geldherrschaft
durchflochten von krimineller Energie
dem Rückschritt verpflichtet

Freut euch ihr Wanzen!

Da dachte man
die Firma Horch und Guck
wäre begraben
mausetot für alle Zeiten
Nix is', sagen da
die blauen, rosaroten und gelben
Damen und Herren Volksverhörer
jetzt wird wieder mitgeschnitten
ein bißchen Stasi ist doch besser
gegen die Kriminellen,
die Volksverhetzer, unliebsame Schreiber
das Antiatompack und
alle sonstigen Unruheherde
die stören könnten
beim Regieren der einen
und dem bald Regieren-wollen
der anderen

Aber wer wird hier
denn schwarze Gewitter predigen
bitte ein paar Wanzen
für die Plagegeister
wir werden euch schon kaltstellen
euch alle
die ihr mit krimineller Gesinnung
den Rechtsstaat vor
unserer besseren Politik
verteidigen wollt.

Die Weite im Wissen

Was ist
wie kommt
die Entscheidung
von hier nach dort
wo bitte ist das Volk?

Was ist
wie kommt
Politik
von unten nach oben
mit wem
von wo
durch wen
welcher Wille
vollstreckt sich
in Gesetzen?

Das Volk folgt denen
die ihm die Wahl lassen
die Stimme abzugeben
mit der man die Macht hatte
zu glauben
man hat das Sagen
aber es ist nur
eine feindliche Übernahme
der Insignien
vom Volk zur Partei
und nun ist die Macht auf und davon
kommt hier und da zum Vorschein
aber sie geht nicht vom
Volke aus
sondern zum Volke hin

Manche Macht geht
von produktivem Besitz aus
und an reinem Geld
klebt sie geradezu
hin und wieder
sammelt sie sich auch
an einigen Stellen im Staat
was ist daran die Macht
die ausgeht
und welche Macht geht ein
was verfügt da über wen
ist am Ende eine Maschine
der Sieger
und regiert uns
wir sind folgsam
umstellt vom Sachzwang

Würden alle über jedes entscheiden
käme man nie zu einem Ende
nicht jeder kann alles
auf einmal verstehen
aber doch das ein oder andere
wäre zur Abstimmung fähig
Parteispitzen
müßten nicht immer
alles besser wissen
mit der ergriffenen Macht des Volkes
auch reicht es nicht
in Zukunft
ein paar Brocken hinzuwerfen
die hinter hohen Hürden
auf Auswahl zählen

Wie ist
wie wird
die Entscheidung von heute
verwandelt in die Ohnmacht
von morgen
welche Stimmen und welche Politiker
stiften
mit ihrer Freiheit
die Unfreiheit
der Nachkommenden
sind wir vor lauter Bauplänen
abgekommen vorzusorgen
holt uns das eigene Handeln nicht ein
weil wir die Rechnungen
ignorieren können
die wir nicht selbst
zu bezahlen brauchen

Zukunftswerkstatt. Utopiephase

Einige Notizen

Der Schneesommereffekt
vertreibt das Grünpferdrennen
Schmetterlinge wohnen in Iglus
lila Windrotoren
aufgestielt auf Regenbogenfarben
am Ende der Straße
wartet das Solarkamel

Bereit steht die Kutsche
für die Urlaubstour
zu den Ex-Schützengräben
mit ihren stofflosen Luftmatratzen
in Grenztürmen
entwaffnen Dauerpartys
Geheimdienstler verpflichtet
Blumen zu verkaufen
Standorte zu Liegeplätzen umgewidmet

Schon beginnt
der Weihnachtsramadan
fasten für das Leben im Luftschiff
ausfallen muß der Kirchboxsport
Vereinigungskongresse
werden vermutet
nehmt die Robbenfahrräder
kommt zum Menschenkreis
von Diversuniversum
schließt euch an

Gezeiten

Es ist
wie es kommt
nichts bleibt
wie es scheint
es reift ganz
anders

Von dem was war
wird vieles
geboren
und nichts heilt
innen wie außen
alles geht
weiter
nur irgendwann
schlimmer

Es wird
wie wir sind
alles wächst
wie wir werden
nur dort
vergeht es
in den Gründen
vom Guten

Was wirst du werden?

Ungehorsam sein
mit nicht erlaubten Fragen
die bekannten Antworten
herausfordern
anfangen sich zu verstellen
die neue Verpackung ist fertig
noch immer Unmut
da muß weiter geschliffen werden
nun kommt das ganz neue Design
es bleibt still
du hast dich selbst besiegt
jetzt mitmachen dürfen
gab es da noch Fragen
alles steht nun
auf der sicheren Seite

Rückschlag

Schnell biegt sich
im Streiten
alles zum Kämpfen
und nichts bleibt
wo es hingehört

Schon rede ich
gegen meine eigenen Wände
wo ich doch nur
meine Sicht
zeigen wollte
und ich stürze
über meine Worte
und alles gerät
ins Rutschen

Dissidenz

Nicht mitmachen müssen
und im Mainstream ersticken
Fragen erfinden dürfen
Sperren überwinden können
auf die Tore
schaffen wir uns den Mief
aus dem Weg
niemals Mittelmaß einquartieren
Dissidenz versuchen
lieber Fehler begehen
als vor sich hin
gefangen zu sein

Gestrandet

An die eigene Festung
brandet Wellenschlag
halbverlassen die Räume
Sterne gestrandet am Ufer
schwerer Strom
fließt mir in die Tiefe
in engen Stunden
treibt er
durch geendete Kühle.

Manchmal aber
zieht ein Hoch
in alle Lebensstreben
verwandelte Hoffnungen
steigen auf
bis die helle Tiefe
im Strom erlischt.

Karte, Kompaß, Zeitenfahrt

Wie wir in Wegen
nicht kentern wollen
Wogen umstürmen
die Suche
nach der anderen Zeit
sie findet sich nur
wo Wasser
wieder glatte Spiegel bilden

Eigene Fracht
die du in Häfen verladen mußt
was ist Ballast – was tut not?
erst wo das Schnelle
das Machen
aufhört alles zu diktieren
Lebendiges sich hervortrauen darf
liegen Land und Meer
in seiner rechten Zeit

Zusammenhänge

Das	Das	Das
hat	gibt	hat
es	sich	sich
schon	nicht	vergangen
immer	mehr	
gegeben		

Bequemer Abweg

Der Konformist, der ist gut dran
weil er sich sehr verstellen kann
nur leider merkt er es nicht mehr
wie sehr er liegt zu sich verquer

Eingeebnet hat er sich nun
kann jetzt nur noch das tun
was andere von ihm verlangen
mit seinem Leben anzufangen

Hat er doch gut Geld gemacht
Kinder in die Welt gebracht
auch sonst war sehr viel Wohlstand drin
ihm schien sein Leben ein Gewinn

So ist er frei nach allen Seiten
kann auf die Rente sich vorbereiten
doch sterben braucht er nun nicht mehr
der Sinn des Ganzen ist längst leer

Umgegangen. Auf zu gehen

Stehst
mit deinen Schritten
am Rand
ohne gegangen zu sein
er drängt sich auf dich zu
mit dir ist umgegangen worden
vielleicht hast
du dich sogar gewehrt
aber mitgekommen
bist du nicht
du konntest es nicht tragen
gegangen wird
dir an die Kehle
ganz spurenlos
man hat es nicht bemerkt
bist zu jung für das Dunkel
hältst es nicht ab
niemand spürt, kann aufhalten
das Gleiten, das Gehen,
das Verlassensein
du bist gesprungen
vom Rand
in den Tod.

Zäsur

Augen, Schenkel und Hände
verzehrt
nach einem Hauch
Zuwendung
Duft der Haare
die Lust entwunden
alles auszukosten
verführt
bis ins Letzte

Bin zu weit gegangen
jede Regung
stand schon
auf Rot in mir
ein so junges Gesicht
kann mein künftiger Tod
nicht tragen
glaubte nicht mal die Gegenrede
und versteifte sich darauf
das so viel Zufall
nicht wahrscheinlich sei

Doch der Fehler
sperrte mich ein:
jetzt wirst du
Tage und Wochen bangen
und darum ringen
was noch zählt
was du noch tun willst
und in allem Bilanz ziehen
nichts wird mehr gelten
ohne deinen Alptraum

Wechselfälle

Jahr um Jahr
verbarg sich
die wirkliche Liebe
wie ein versiegter Fluß
unterm Sandbett
und jetzt bevor es sich
um Leben oder frühen Tod
entscheidet
fließt plötzlich Wasser
irgendwoher
alles gerät in Bewegung
aber wird es noch nützen
wenn die Diagnose
HIV-positiv lautet?

Ein Anzeichen
war dem anderen gefolgt
und womöglich ließ sich
nichts mehr richten ...

Ob Mephisto gemeint hat
mir ginge es noch zu gut
für meine Situation
das er dich aufgeboten hat
als letzte Reserve
um mir zu zeigen
wie es mit meinem Schicksal steht?

Der Weg verengt
wie eine lange Röhre
aus Luft und Zeit
nichts mehr denken
nur noch endlose Spannung
warten auf das Urteil
der Vergleich der Nummern
und dann die Auskunft
wieder leben zu dürfen
ohne abschüssig wegzurutschen

Wieder lieben dürfen
oder noch können
ohne die eigene Schattenlast
sich wieder fassen
Rückkehr
und doch immer wieder
kalte Schauer

Die Vernunft sagt
denke nicht dauernd an sie
da geht nur deine Phantasie
mit dir durch

Die Freude hält dagegen
gib dich einfach dem Hochgefühl hin
selbst wenn nichts draus wird

Die Liebe drängt sich dazwischen
und meint
es wäre mal nötig

Von mir selbst getroffen

Irgendwie zusammenkommen
aber nicht passen
Angst bricht auf
vor der eigenen Fremde
den giftigen Spitzen
die gegen den anderen
aus mir selbst hervorschlagen
trotzdem noch ein wenig
zärtlich sein
aber nicht wirklich lieben können
zwischen den Mißverständnissen
sich ergeben
vor sich selbst absinken

Trotzdem könnte es anders sein
aber ob du es überhaupt verstündest
wie schön verschenkte Augenblicke sind
ohne Rechnung im Nacken
nicht alles muß
bis zur letzten Ewigkeit dauern
es wäre nicht mal wichtig
ob ich recht behielte

Abschied

Dein Lächeln
in mir
und die Nachmittagssonne
in deinen Haaren
dazu mein Mund
die eigenen Wünsche
längst verloren

Rauschen

Zwei Spuren sollten führen
entlang des Meeres
begleitet von inniger Wärme.
Zu welcher Stunde
wird jeder im Auge
des anderen atmen?

Du

Fremd
in mir hineinzuwohnen
endloses Sprechen
gar nicht unwichtig
erstarrte Bewegung
was reißt uns los?
was zieht uns an?
ein Kuß könnte
vieles schon verändern
manches vergessen
und neu beginnen
Umarmung
in der aus Gleichfluß
sich tatsächlich Nähe
speist

Erotische Streifzüge

Uns berühren
bald zu Küssen
Armen und Händen
verschlungen
Fingerspitzen
entlang der Körperkonturen
Haut aus
Kerzenlicht
verstreut die Sachen
Lust und Gier
entfacht im Spiel
aus Bewegung
Haare und Gesicht
zwischen Schenkel
Bauch und Schoß
alles vernaschen
Vorrat an Blicken
und Flüstern
für Dauer

Entfesselt

Deine Stimme
scheint mir gelegentlich
vertraut
irgendwo sah ich
schon mal dein Gesicht
immer seht
ihr anders aus
zu oft ist es mir
bereits egal
ob ich dir noch
in diesem Leben
begegne

Urplötzlich
überraschst du mich
mit deiner stillen Güte
und verstehst mich
bis in Tiefen
die ich
nur selten öffne
und ich tauche
in deine
innere Kontur

Ein verdeckter Gruß
so schnell verflogen
wie gekommen
selbst wenn ihr
die Eine wärt
würde nicht doch
nach dem Rausch
der Raum zwischen
Wahrheit und Lüge
stärker sein?

Vermutung

Wenn ich dich anschaue
und auch wenn ich dich
nicht anschaue
frage ich mich
ob ich nicht einfach
beinahe wie aus
dem Hinterhalt
dich küssen sollte
um dir zu zeigen
wie ich dich liebe
und das meine Zwischenreden
die mich davon
abhalten wollen
gar keine Chance
dagegen haben
und deine Zwischenreden
vielleicht auch
keine Lust mehr verspüren
sich mit der Liebe
zu streiten.

Unvorhergesehen

Unberührt stand es
du warst nur ein Umriß
mir schien
es wäre besser
so bliebe es
und nun fragen
wir aufeinander zu
umeinander herum
nichts weiter als ein Gespräch
doch hinter der Bühne
trittst du auf
und wir suchen
in Geweben
nach Gittern
und eigenem Rat
wissen um
den grünen Aufbruch
und ich bin
meiner Zuneigung
zu dir ausgeliefert
kann mich nicht wehren
will es vielleicht
schon nicht mehr?
und deine Umarmung
löst sich nicht von mir
manchmal warte ich heimlich
auf deine Augen

Sonnengarten

Der Regenbogen
für die letzte Umarmung
bleibt ungespannt
vor offenen Toren
spielen wir allzuoft
Maskerade
und wissen nicht
um die Weiten
hinter den
unsichtbaren Durchgängen

Die Labyrinthe
die wir selber sind
nähern sich
nur schwerfällig
offenen Armen
ewig flieht
der Sonnengarten
vor sattem Geist
und ungeborenem Herz

Wer überquert
die Brücken
hinter denen wir
die letzten Häute
verlieren
uns neu erkennen
im tiefsten Grund
des anderen
in den unentdeckten Linien
vom eigenen Leben

Engpässe

Alle Fesseln losgebunden
von mir
als wären sie schon immer
archäologische Funde
und ich treibe
hinaus ins Offene

Eine annehmbare Denkhoffnung
in Wirklichkeit nicht weiterwissen
alle Sicherheiten entfliehen mir
nur weil wieder unklar ist
womit den Lebensunterhalt verdienen
und welche Arbeit man tun könnte
und weil auch manch anderes
daneben gegangen ist
Zukunftswünsche
auf der Strecke bleiben sollen
zentraler Lebenssinn
so einfach sind Fesseln
Fesseln von außen
aber auch die im eigenen Kopf
können verdammt
unlösbar einschnüren

Bitte

Mal mir ein Bild
mit Zweigen und Winden
Händen und Wärme
Augen und Herzen
das ich es
immer sehe in mir
wenn ich nur noch
als Schatten dahinfliehe
und alles vergesse
erinnere mich
wie jeder Tag
ein Wunder
in mir lebt

Am Morgen

Zusammengekauert
oder lang ausgestreckt
beinahe wie eine Katze
ein kurzes Blinzeln
Sonnenlicht am Bett
dann zurückträumen
an schlafende Ufer

Mitunter braucht man
nicht mehr
um zufrieden
zu sein

Paradox

Halte ich
schon wieder
zuviel von mir
drehe die Worte salopp
bis ich mich
nicht mehr
in mir erkennen kann?

Halte ich
schon wieder
zu wenig von mir
und meinem Tun
schweige
wo ich etwas
sagen müßte
verstelle mich
damit ich
nicht erkannt werde?

Am Rand der Ewigkeit

Gib die Ruhe
in ihre Würde zurück
laß die Jagd
nach den Schätzen
fließe in den Lauf
des Himmels zurück
ahne das Ewigdauernde

Gewußtes will erinnert
Unbekanntes zu Tage kommen
schöpfe es
in vollen Zügen
und alles Werden
liegt in deinen Händen
wisse aber:
die Stille
sei dir Meisterin

Festina Lente

zum gleichnamigen Musikstück von Arvo Pärt

Eingraviert
unter die Verzweiflung
der menschliche Triumph
über sich selbst hinauszuwachsen
Göttliches trägt uns
spannt aus die Trugzeichen
von Vergangenheit und Zukunft
erlöst legt
uns die Umkehr
keine Fallen
die irdischen Häuser
stehen abseits
wohnlich zwar
aber vorübergehend ungebraucht
Kanon
aus sieben Teilen
und drei Geschwindigkeiten
ein Streichorchester
unendlicher Atem

Für Alina

zu dem gleichnamigen Musikstück von Arvo Pärt

Töne im Klang
wie ein Spiegel
aus Seele
Piano
zwischen Stille und Stille
Musik ohne Töne
mit Tönen
alles Eilige und Unfertige
wird unsichtbar
Räume entstehen
im inneren Oben
für die
wirkliche Begegnung

Selbstvergessen

Du fließt
wie ein Bach
und schwebst
wie Morgennebel
und öffnest
deine Blütenblätter
Sonnenstreifen glimmen
du ruhst aus
wie die Berge
rings umher
Weiten treffen sich
Atem und Wind
verschmelzen
am Horizont.

Vom Herbst zum Winter

Sonnenfluten
verglimmen im Asternrot
bunter Wind
entflieht den Bäumen
die Tage werden kahler
weißer Atem
bedeckt verdorrtes Leben
nichts sucht
nach neuer Kraft

Nachtmeer

Endlos
dunkles Rollen
dem Mondlichtsand
entgegen
frische Kühle
Kiefernwind
hinter den Dünen
und ein Blinken
in der Ferne
als letztes Zeichen
alles geht unter
in der Tongewalt
von Wasser
Endlos

Rügen, Strand in Prora

Gedankenwahl

Hingeworfenen Tand
kann ich nicht dichten
nichts gilt mehr
schleudert mich hinaus
eine Plage, ein Unsprechen
das Schreiben ist nichts
ohne auf den Punkt
ohne Ketzerei
geht es nun mal nicht
schon auch
aber es braucht
einen Wert, ein Festhalten,
ein Loslassen
sonst kann ich mich auch
sonnen gehen
Papier hat vielerlei
soweit kommt es noch
mein Wort

Antwort an den Kritiker

Du schimpfst meine Gedichte
sie seien schändlich
sie sagen dir nicht
was du hören willst?

Müßte ich dir also
nach dem Munde reden
damit ich
die richtigen Gedichte
schreiben kann?

Aber was wird das
für ein Durcheinander
wenn ich auf so viele Münder
achten müßte
wie sie mir
zuzureden scheinen?

Es wird darauf ankommen ...

Absturz ins dunkle Jahrtausend
auf heißem Grund
zerstobene Hoffnungen
in dem abgrundtiefen Versagen
noch all das Vermessene
mangelnde Spur von Reue
mündet auf eine Pflasterstraße
mitten in die Hölle
klagt zu wem auch immer
es möge vergeben werden
was nicht zu vergeben ist

Die Entgleisung von 1933
kann überboten werden
menschliche Tragik
kennt keine Grenzen
weit offen stehen die Tore
niemand muß die Macht ergreifen
dies ist nicht mehr nötig
den neuen Stacheldraht
legen ganz gewöhnliche Regenten
sie werden es nicht besser wissen
das schwarze Zeitalter
liegt mitten unter uns
jeden Tag bereitet es sich vor
wir sind die Anstifter
Anstreicher

Überrannte
ökologische Demarkationen
eine abgedrängte Zivilisation
im politischen Notstand
wo werden
die neuen Brandherde emporlodern?
was wird unter
dem dünnen demokratischen Firnis
an neuen Bestien
hervorkriechen?
wie treiben Banden
ihre räuberischen Züge?
in was für Lagern
wird die letzte Würde
dahingerafft?
hinter welchen Mauern
wird sich schamlos Reichtum verschanzen
noch immer in Gier ausgreifen?
werden wir rechtzeitig
Wüstenplanet sein?

Beutezug Irak

Eine neue amerikanische Doktrin
scheint zu verkünden:
plündert Museen und Kunstschätze
in fremden Ländern
nur das Ölministerium und Bohrtürme
sind panzergeschützt zu sichern
alles andere freigegeben
zum Ausrauben
auch Krankenhäuser müssen
nicht verschont werden

Wie ein Messias
predigt er der Welt seinen Texasgeist
ölverengt und bombenschwer
fernsehgerecht anberedet, zugeschlagen
fanatisch veranschlagt
kopfgestellte Vernunft
gestürzte Saddam-Denkmäler
als hinreichender Beweis
für irakische Massenvernichtungswaffen
die von der UNO
längst abgerüstet wurden
alle wollte man verlügen
mit administrativ-amerikanischem Kaltschnauz

Flügelschwere Bombenhoheit
Demokratie in schwarzen Streifen
mit tiefen Erdtrichtern
und vielen Blutopfern
amerikanischer Topexport
mit britischem Blairmaß
völkerrechtswidrig bis auf den Grund
salonfähig aufgerichtet
als neue globale
Unordnung

Sind das Ambitionen
die über Polen, Frankreich und die Ukraine
hakengekreuzt
nun demokratiegekreuzt
nach Syrien, Nordkorea, Iran
oder sonstwohin führen könnten?
Mister Texasgeist tönte:
60 Länder stehen zur Auswahl!

Diktator Saddam Hussein
waffengefördertes Ziehkind
von Amerika und weiteren Mittätern
mimt nach dem Krieg
den neuen Untergrundpatrioten
streift sich ab
den alten Menschenschlächter
den er nie zugegeben hat
wird gehandelt
als ultimative Zielscheibe.

Besatzt wird nun von Washington
pannenreich und ungeschickt
mit herben eigenen Verlusten
und gegen die Bevölkerung Iraks
die Spielball bleibt
bessere Verhältnisse
im Schaufenster ausgestellt
für Schnellgläubige
wirklich aber ist die Anarchie
die Amerika auf den Boden
der Tatsachen zurücksprengt

Einige europäische Regierungen
liefern Dienstbotenbereitschaft
andere zelebrieren partielle Befriedung
statt Widerpart zu stiften
die roten Teppiche
küßt man in Übersee
beim nächsten großen Einverleiben
ist man so besser in Position
wenn es was zu holen gibt

Millionenfach und weltweit
dicht an dicht
auf den Straßen Menschenprotest
nach Hause komplimentieren
wollten sie den falschen Messias
doch der putschte ungeniert weiter
für ihn ist Bevölkerung
rund um den Erdball
nur fußtrittrelevant
seine Geisel

Was kriecht da aus dem Moder
des „neuen" US-Amerika?
Rüstungspower auf Höchstniveau
kleine Atomsprengsätze für
jedes Feindesland
neue Gesetzeswillkür für besondere Fälle
und Urteile ohne Richter
alles will man jetzt mithören
viel ist schon gleichgeschaltet
rastet dies noch mal zurück
oder rastet dort etwas aus
und wohin bewegt sich das?
bedroht texasgekreuzter
Militarismus irgendwann
selbst das „alte" Europa?

Oder kommen und gehen
amerikanische Nekropolisten
sind dann vergangene Spukgeschöpfe
oder zeugt sich schon
die nächste Fieberhand
verfestigt sich System
für den nächsten Blutrausch?

Reformatorische Matrix

Ganz still möchte man
von den Ungerechtigkeiten
den vielen Widernissen
in dieser Welt
zurücktreten und innehalten
doch zugleich
laut Umkehr fordern
aus dem Schweigen heraus

Für sich selbst
und das Ganze
beten
in eine Wortlosigkeit
die wieder Kraft schöpft
das Unmögliche
Segment für Segment
in Realitäten zu verwandeln
die fundamentale Kehre
in nötige neue Formen bringen
und beiseite treten

Nicht im Machen ersticken
kämpfen
ohne gefangen zu sein
vom Kampf
schweigen
ohne keine Sprache
mehr zu finden
so kann sich Zweifel
mit dem Wandel binden

Der Freund und das Fensterkreuz

Erzählung

Zwischen einigen Hügeln und einem See eingebettet und von mehreren Seiten durch morastige Seggewiesen und kleine Erlenwäldchen begrenzt, lag das heimatliche Dorf. Hinter Ziegeldächern stieg langsam die wärmende Morgensonne empor.

Reinholt Domke schloß die Eingangstür seiner Tischlerei auf und ließ sie weit aufgesperrt stehen. Außerdem öffnete er mehrere Fenster, damit die stickig warme Luft vom Vortag angenehmer Kühle wich. Dann ging er in sein Büro und zog sich Arbeitskleidung an.

Verborgen in halbhohen Tannen, einer Gruppe ausgewachsener Birken, auf Stromleitungen sitzend und anderswo zwitscherten Vögel unentwegt. Eine Schwalbenmutter flatterte zurück zu ihrem Kugelnest unter der Dachrinne der Werkstatt neben der Tür und brachte ihren mit weit aufgerissenen Schnäbeln schniependen Jungen Futter.

Fast gleichzeitig kamen der Altgeselle mit seinem hellblauen Trabant und der Lehrling auf dem Fahrrad durch das Tor gefahren. Etwas später, kurz vor Arbeitsbeginn, raste Heinz, der jüngere Geselle, mit seinem Motorrad durch die Einfahrt auf den Holzplatz. Er drehte eine scharfe Kurve, eine aufgewühlte Spur blieb zurück, abrupt bremste er, stieg ab und stellte sein Fahrzeug unter das Vordach neben den Trabant des Altgesellen. Als Heinz dem Meister die Hand gab, meinte dieser zu ihm: „Nächstens werde ich dir eine Harke in die Pfote drücken, wenn du so wie eine besengte Sau fährst!" Heinz verzog keine Miene.

Nach der Frühstückspause besprach der Meister mit dem Altgesellen den Bau in der Friedrichstraße Nummer neun. Dort sollten sämtliche Fenster ausgewechselt werden. Den Lehrling wollte er ihm mitschicken. Bald darauf luden der Meister und der Junggeselle die Fenster auf den Autoanhänger und verschnürten sie mit Stricken. Stephan, der Lehrling, packte das fehlende Werkzeug in die Baukiste, schnitt Keile an der Bandsäge, füllte sie in ein kleines Säckchen und legte alles in den Kofferraum des dunkelgrünen Lada. Alle stiegen ein, nachdem der Meister alte Decken über die Sitze gelegt hatte. Reinholt Domke fuhr recht langsam, denn auf der holprigen Straße konnte es leicht passieren, die Fenster verrutschen und könnten beschädigt werden. Der Lada glitt an den Dorf-eichen vorüber. Gesprenkelt flutete das Sonnenlicht unter den Baumkronen auf die schmutzige Frontscheibe, glitt wie ein reißender Strom über das Fahrzeug hinweg. Binnen weniger Minuten erreichten sie das betreffende Haus. Der Meister gab Heinz und Stephan noch ein paar Hinweise, koppelte dann den Hänger ab und fuhr seinen Wagen eilig zur Werkstatt zurück.

Heinz meinte salopp zum Lehrling: „Ich dachte schon, der Alte will mit einbauen helfen. Hat aber glücklicherweise noch wat besseret zu tun und det is ock gut so. Der kann bleiben, wo der Pfeffer wächst, nich."

Stephan nickte zustimmend.

An der Fassade des grauen Hauses hatte sich hier und da der Putz gelöst, rotes Mauerwerk lugte hervor. Das Glas der Hoflampe war zerbrochen. Von den Fenstern blätterte überall die dreckig weiße Farbe ab. Nur der Vorgarten war gepflegt.

Mit zwei der Fenster, die sie jetzt auswechseln würden, verband sich eine unheilvolle Geschichte. Stephans Freund hatte einst in diesem Haus gewohnt. Karsten hieß er. Fast versunkene Erinnerungen trieben Stephan ins Bewußtsein. Mühsam versuchte er sich sein Gesicht vorzustellen. Er wußte zwar noch, strohblonde Haare und braune Augen hatte er, aber die einzelnen Züge wollten kein Bild mehr ergeben.

Als Karsten und Stephan in die dritte Klasse gingen, ist das damals passiert, in der Nacht nach dem Abschlußfest des Schuljahres. Karsten kam danach nicht mehr zur Schule. Stephan dachte, er sei krank, bis seine Mutter ihm erzählte, was sich zugetragen hatte. Nachts konnte Stephan damals keinen Schlaf finden, drehte sich von einer Seite zur anderen im Bett und träumte davon, wie er Karsten der Gefahr entriß.

Schrill läutete die Schulklingel, die jetzt den Unterrichtsschluß ankündigte. Die Lehrerin verabschiedete sich von den Schülern, nahm das Klassenbuch unter den Arm, griff ihren rotbraunen Aktenkoffer und verließ den Raum. Die Schüler packten ihre Sachen ein, stellten die Stühle hoch, nahmen ihre Taschen und griffen ihre Jacken auf dem Flur. Wie eine bunte Herde strömten die Kinder von den Klassenräumen zum Schulgebäude hinaus. Einige gingen zum Hort, andere nach Hause. Die im Nachbarort wohnten und nicht den Hort besuchten, liefen zur Bushaltestelle hinüber.

Karsten war in dieser Woche für den Ordnungsdienst eingeteilt. Er wischte die Tafel ab, fegte den Klassenraum aus und entleerte den vollen Papierkorb in den Container. Dabei ließ er sich Zeit, denn der Bus fuhr erst in einer halben Stunde. Stephan hatte inzwischen seine Schulmappe an den Zaun gestellt und wartete auf den Schulbus. Auf den Boden blickend, träumte er vor sich hin.

Plötzlich kamen Swen und Marcel auf ihn zu. Er wich zurück. Swen nahm Stephans Mappe und schleuderte sie auf die Straße. Ingo rannte herbei, hakte den Riemen aus und schleifte sie hinter sich her. Stephan lief auf Ingo zu. Dabei verpaßte ihm Swen von hinten einen kräftigen Fußtritt und schubste Stephan danach so, daß er vornüber auf den Bürgersteig stürzte. Ingo lachte laut. Langsam stand Stephan wieder auf. An seinem rechten Ellenbogen sickerte Blut hervor. In ihm kochte alles vor Wut.

Marcel schritt auf Stephan zu und meinte übermütig zu ihm: „Haste schon mal jesehen, wie meine Faust mit Überschallgeschwindigkeit in deinen Mund rutscht, du Scheißhausfliege!"

Stephan entgegnete deutlich, aber halblaut: „Laß mich in Ruhe!"

Er hatte es noch nicht ausgesprochen, da schlang Marcel schon den Arm um seinen Kopf und drückte ihn an seinen Körper. Stephan stieß mit seinem Fuß leicht gegen Marcels Wade. Darauf schrie dieser: „Na warte, dir werde ich´s schon zeigen, du Mistvieh!"

Mit seiner körperlichen Masse hatte er es leicht, Stephan auf den Boden zu zwingen. Beide sühlten sich im Dreck. Schnell gewann Marcel die Oberhand und drehte Stephan den Arm auf den Rücken. Keuchend zischte Marcel zu Stephan: „Wir werden schon unseren Spaß an dir haben!"

Stephan schwieg. Sein Herz klopfte wild.

„Los steh auf", kommandierte Marcel ihn. Zögernd erhob er sich. Gedanken stürzten ihm wild durch den Kopf. Mit einem Ruck versuchte er sich loszureißen, doch Marcel hielt ihn sicher im Griff. Auf dem gegenüberliegenden Bürgersteig lief die Mathelehrerin vorbei. „Wenn die dusslige Zicke weg is, geht's weiter", raunte ihm Marcel mit lächelndem Gesichtsausdruck zu.

Kurz darauf sprach Swen zynisch: „So, jetzt wirst du schön ein bißchen Medizin schlucken. Komm schön her! Rizinusöl schmeckt ausgezeichnet! Komm lecker, lecker!"

Marcel und Ingo drängten Stephan im Wartehäuschen an die Wand. Swen schraubte den Deckel des braunen Fläschchens auf.

Ingo versuchte Stephans Mund zu öffnen. Hartnäckig wehrte sich Stephan.

„Machst du deine Fresse bald auf", fauchte Marcel.

Nach einigen Fehlversuchen schaffte es Ingo. Langsam gluckerte ein wenig Rizinusöl in Stephans Mund. Mit aller Kraft versuchte sich Stephan noch einmal loszureißen. Dabei biß er Swen in den Unterarm. Das Fläschchen fiel ihm aus der Hand und zerbrach dumpf klirrend auf dem Betonfußboden.

„Ach, du Scheißer du", stöhnte er wütend. Blitzschnell boxte er Stephan mehrmals in den Bauch. Stephan krümmte sich. Er bekam keine Luft. Als er sich erholt hatte, gelang es ihm zu entwischen.

„Das ist vielleicht ein Feigling", rief Swen ihm hinterher.

„Feigling, ein Feigling", stimmten auch die anderen beiden ein.

Swen ergänzte grinsend: „Verjeß nicht dir 'n Privatklo zu mieten!"

Stephan machte, daß er davonkam. Angst und Eckel spürte er in sich. Die Knie zitterten. Er versuchte sich zu übergeben. Es kam nichts. Aus der Abschürfung trat immer noch neues Blut hervor. Als er sich kurz umdrehte, sah er, wie sie seine Mappe in eine Mülltonne stopften. Schnell rannte er weiter zur Schule hin. Nachdem sie ihn nicht mehr sehen konnten, wischte er sich die Tränen aus dem Gesicht.

Karsten malte mit einem fast aufgebrauchten Kreidestück Fratzen an die Tafel. Er hörte Schritte. Hoffentlich ist es kein Lehrer, dachte Karsten. Aufmerksam lauschte er. Dann kam Stephan durch die Tür herein.

„Hast du mich erschreckt, ich dachte schon, jetzt ist die nächste rote Eintragung im Hausaufgabenheft fällig."

Karsten nahm den Schwamm, machte ihn unter dem Wasserhahn naß und wischte die Tafel ab.

„Weshalb bist du eigentlich gekommen?" wandte er sich zu Stephan.

„Hab mal wieder Ärger", antwortete er gedämpft.

Karsten nahm die Abschürfung wahr und kratzte sich am Hinterkopf. „Geh doch zu 'nem Lehrer."

„Lieber nich."

„Na ja, das mußt du selbst wissen. Eigentlich hast du ja recht, das nützt eh nix."

Stephan erzählte ihm, daß sie seine Mappe in die Mülltonne befördert hatten. Als beide den Klassenraum verließen, sagte Karsten: „Paß auf, wir werden folgendes machen. Ich gehe zur Haltestelle. Wenn der Schulbus kommt, hole ich die Mappe aus der Tonne und du kommst hingeflitzt. Oder warte mal, ich hab noch eine bessere Idee." Sie tuschelten miteinander und heckten einen anderen Plan aus.

Stephan ging vom Schulhof. Ihm fingen die Knie schon wieder an zu zittern. Langsam schritt er auf die Haltestelle zu.

Swen grölte schon von weitem: „Ach wer kommt denn da, unser kleiner Toilettentieftaucher, Freund Milchtüte!"

Stephan entgegnete ihm barsch: „Halt deine Fresse, du Arschloch!"

Swen hielt sich eine Hand vor die Stirn: „Wir werden dir dein großes Maul schon stopfen! Hier Muskeln müßte man haben, Muckis", und wies auf seinen rechten Oberarm. „Aber beißen tuste wie en Weib, du dreckige Mistsau!"

Zusammen mit Dirk und Mirko, die gerade von der Essenhalle zurückgekommen waren, schwatzten die Drei. Auf einmal blickten sich alle zu Stephan um und rannten auf ihn los. Stephan flüchtete so schnell er konnte, bog in die Bungalowsiedlung ein, rannte den staubigen Weg entlang, bis er zu der mannshohen Kiefernschonung kam, und verschwand in ihr. Er stürmte durch einen ganzen Waldabschnitt, überquerte einen Weg und kauerte sich unter einem dichten Holundergebüsch zusammen.

Die fünf Jungen hatten Stephan gerade noch in das Waldstück flitzen sehen. Am Waldrand wies Swen an, jeder solle ein Stück weiter das Dickicht durchkämmen. Wir werden dich schon kriegen, dachte Swen erregt.

Es verging eine ganze Weile, bis Stephan in der Nähe trockene Zweige knacken hörte. Er schmiegte sich dicht an den Moosboden. Eine Ameise krabbelte an seinem Arm hinauf. Mit seinem Zeigefinger schnippte er sie weg. Grashalme kitzelten an seinem Hals.

Ingo kam aus dem Wald heraus. Kurz darauf erschienen auch die anderen. Stephan spürte, wie sein Herz laut pochte und die Wangen heißer wurden. Es schien ihm, als ob Swen vom Weg aus direkt auf ihn zulief. Immer näher und näher ... doch er ging vorbei. Stephan war erleichtert.

Karsten holte die Schultasche aus der Mülltonne und versteckte sie, währenddessen Stephan verfolgt wurde. Behend griff er zwei andere Mappen, öffnete den Mülltonnendeckel und stopfte sie hinein. Zwei andere schmiß er in den Blumengarten eines angrenzenden Grundstücks. Eine landete mitten auf einer Rosenstaude. Sie brach auseinander. Die letzte schleuderte er auf das Asbestdach des Wartehäuschens. Ungesehen stahl er sich zum Schulhof zurück.

Die Mädchen, die vor der Essenhalle Gummihopse spielten, gingen, kurz bevor der Bus kam, zur Haltestelle. Als er zischend und schniefend hielt, huschten zwei Lehrer eilig von der Schule zum Bus hinüber. In den Bus eingestiegen, fragte sie der Fahrer, ob noch jemand kommen würde. Einer der Lehrer antwortete: „Wer jetzt nicht da ist, hat Pech gehabt."

Der Fahrer drückte auf einen Knopf, und die Türen schlossen sich. Der Bus fuhr an, aus dem Auspuff stieb eine schwarze Rußwolke. Swen, Marcel, Ingo, Dirk und Mirko liefen gerade den Weg zurück, als sie den Bus vorbeifahren sahen. „Scheiße", meinte Ingo, „jetzt ist der Bus weg."

Swen regte sich lautstark auf: „Wenn wir das Schwein morgen kriegen, machen wa kurzen Prozeß, denn weß er nich mehr, wat vorne und hinten is!"

An der Haltestelle trauten sie ihren Augen nicht, die Mappen waren weg. Fluchend suchten sie sie.

Ob der den Bus etwa trotzdem erreicht hat, dachte Swen bei sich. Darauf spie er: „Der soll sich bloß morgen nicht zur Schule trauen, denn isa dran und kricht die Fresse poliert." Die anderen schwiegen. Zügig gingen sie die Strecke zu Fuß nach Hause. Als sie außer Sichtweise waren, folgten ihnen Karsten und Stephan.

An manchen Tagen fühlte sich Stephan schon beim Aufstehen schlecht. In der Schule war er froh, wenn er wieder eine große Pause auf dem Hof überstanden hatte, ohne daß irgend jemand ihn ärgerte. Weder Lehrer noch seine Eltern konnten ihm wirklich helfen. Maßregeln half immer nur zeitweise. Seit Stephan sich mit Karsten hielt, war es nicht mehr ganz so schlimm. Nur noch selten wurde er schikaniert.

Die Fenster im Flur, im Bad, in der Schlafstube und im Kinderzimmer hatten Heinz und Stephan fertig eingesetzt.

Heinz stöhnte: „Puh, ist das eine Hitze heute." Ungeschickt kramte er aus seiner Hosentasche nach seiner Uhr. „Kurz vor halb eins, komm wir machen erst mal Pause", meinte er zu Stephan und ließ die Uhr zurück in die Tasche gleiten. Die Mieterin, die ihnen in den letzten Minuten zugesehen hatte, bot ihnen Platz in der Küche an. Beide holten ihre Brotbüchsen hervor.

Die Mieterin fragte: „Wollen Sie etwas trinken – Cola, Limo, Bier oder Kaffee?"

Heinz und Stephan antworten fast gleichzeitig: „Cola." Heinz fügte hinzu: „Aber kühl, wenn möglich."

„Noch irgendwelche Sonderwünsche?"

Heinz erwiderte: „Eigentlich nicht."

Sie stieg in den Keller hinunter und brachte die Cola.

Nach der Mittagspause wechselte Heinz das Fenster in der Wohnstube und Stephan das in der Küche aus. Stück für Stück meißelte Stephan das Fenster aus dem Mauerwerk frei, bis es sich endlich entfernen ließ. Dann löste er die Verankerungen des alten Rahmens und schlug sie mit dem Hammer krumm. Auf seinem Kopf juckten Körnchen von abgeschlagenem Putz, und unter seinen Achselhöhlen spürte er frischen Schweiß. Die brütende Hitze machte jeden Handgriff zur Qual.

Stephan nahm den alten Fensterrahmen heraus. Dreck rieselte ihm unter dem Hemd den Rücken hinunter. Für einige Augenblicke starrte er auf das Fensterkreuz und dachte über Karsten nach. Hier war es also. Was mochte Karstens Mutter Veronika Febarn in die Enge getrieben haben? Was mag durch ihren Kopf gegangen sein, überlegte er?

Stephan brachte den Rahmen aus dem Haus und stellte ihn zu den anderen an einen halb verfallenen Schuppen. Danach trug er die alten Fensterflügel hinaus.

Als Stephan die neuen Rahmen in der Küche einsetzte, half ihm Heinz beim Verkeilen. Anschließend bohrte Stephan die Löcher für die Moniereisen in den Fensterrahmen. Einmal traf er nicht genau die Fuge zwischen den Steinen in der Wand. Außerdem schnitt er die Eisenstifte mit dem Bolzenschneider etwas zu lang ab. Nur mit Mühe verschwanden die Stifte im Holz, ohne daß sichtbare Abdrücke verfehlter Hammerschläge zurückblieben. Endlich fertig, verkittete er die Bohrlöcher und setzte die Flügel ein. An einem Falz mußte er noch einmal etwas nachhobeln. Dann paßte alles. Zuletzt setzte er noch das Fensterbrett ein. Nur schleppend langsam näherten sich die Zeiger seiner Uhr der Feierabendstellung, so als ob eine unsichtbare Kraft sie beständig aufhielte.

Vier Jahre nach dem Krieg kam Veronika zur Welt, und es dauerte nicht lange, bis ihr Vater gen Westen in den anderen Teil Deutschlands entschwunden war. Seit dieser Zeit hatte sie nie wieder etwas von ihm gehört. So wurde sie von ihrer Mutter allein großgezogen. Dabei hatte diese allerlei Mühen zu überstehen, denn Veronika setzte zumeist ihren eigenen Kopf mit Erfolg durch. Ihr nicht gerade ungelenkes Mundwerk leistete dabei oft gute Dienste.

Nach der Schule begann Veronika eine Lehre als Verkäuferin, doch bevor sie diese beenden konnte, zog sie zu ihrem Freund nach Berlin und brach die Lehre ab. Kurze Zeit später heiratete sie ihn und brachte ihr erstes Kind zur Welt, ein Mädchen. Sie nannte es Claudia. Doch um ihre Ehe war es nicht zum Besten bestellt. Immer öfter blieb ihr Mann bei Saufgelagen hängen, das Geld wurde knapp und zuweilen kam es sogar vor, daß er sie im Elan seines Rausches verprügelte. So nahm sie Gelegenheitsarbeiten an, um zunächst erstmal an eigenes Geld zu gelangen. Viel verdiente sie nicht. Erst durch eine Halbtagsstelle in der nahegelegenen Kaufhalle konnte sie die unmittelbare Finanznot etwas dämpfen. Dort lernte sie auch Moni kennen. Wenn Veronikas Mann mal wieder über die Stränge schlug, wohnte sie oft für etliche Tage bei Moni in der Wohnung. Ihre Freundin hatte es geräumig und sich gemütlich eingerichtet. Sie konnte es sich leisten. Ihre Arbeit in der Kaufhalle war das eine, das Geld, das sie im Hotel verdiente, das andere. Mit den Männern ließ sich dort ein guter Schnitt machen, besonders das westliche Geld rechnete sich.

Es ergab sich die Gelegenheit, daß Moni und Veronika zusammen zum Hotel gingen. Es fanden sich Wege, auch für Veronika Einlaß zu erhalten. Der Barkeeper bekam seinen Obolus. Nach und nach wurde es auch für Veronika üblich, die Haushaltskasse auf diese Weise kräftig aufzustocken. Sie nahm sich eine eigene Wohnung und ließ sich von ihrem Mann scheiden, doch sein horrender Alkoholgenuß hinterließ selbst bei ihr Spuren. Auch sie fand Gefallen an diesen und jenen Getränken alkoholischer Art, in ihrem lukrativen Hotelnebenverdienst hatte sie ständig eine gute Auswahl.

In einem Tanzlokal lernte sie ihren zweiten Mann kennen. Um ihre neue Liebe nicht aufs Spiel zu setzten, beschränkte sie sich darauf, hin und wieder den ein oder anderen Stammfreier zu besuchen, natürlich ohne Wissen ihres Freundes. Erst als ihre heimliche Nebenarbeit beinahe einmal aufzufliegen drohte, ließ sie von ihr ab. Es dauerte nicht lange, und sie heiratete Herbert Febarn. Kurz danach zogen sie hinaus aus der Stadt. Sie begann als Frisöse ganztags zu arbeiten, setzte jedoch bald eine Zeitlang aus, weil Karsten, ihr zweites Kind, auf die Welt kam. Für etliche Jahre zog ganz normaler Familienalltag ein.

Irgendwann hatte es dann begonnen. Immer wieder schlichen sich kleine Streitereien in den Alltag ein. Im Betrieb wollte man Herbert auf Montagearbeit schicken, und er selbst wollte es auch, weil er dabei weitaus mehr verdienen konnte als bisher. Veronika paßte das nicht, sie sagte es nicht direkt, ließ es ihn aber spüren. Allmählich lebten sie sich auseinander. Herbert fing an, mehr seine eigenen Wege zu gehen. Er traf sich mit alten Freunden, die er lange nicht gesehen hatte, und kam auch mal ein Wochenende gar nicht nach Hause. Sie fing an, wieder stärker zu trinken. Er konnte das nicht ausstehen. Später kamen dann Seitensprünge dazu, beide hatten ihre Affären, und es ließ sich am Ende nicht mal sagen, wer den Stein ins Rollen brachte. Zwar blieben sie weiter verheiratet, doch Herbert suchte sich in der nahegelegenen Kreisstadt eine eigene Wohnung, und sie sahen sich nur noch selten.

Veronika begann wieder ihrem lukrativen Gewerbe nachzugehen. Jedoch lief es nicht mehr so gut wie vor Jahren. Jetzt nahm sie auch Freier, die sie vormals brüsk abgewiesen hätte. Ihr Körper hatte die jugendliche Anziehungskraft längst verloren. In ihrem alten Hotel bekam sie keinen Zutritt mehr, sie war zu alt. Nach und nach schaffte sie es aber dennoch, sich einen Stamm von Freiern aufzubauen. Die meisten lernte sie auf der Oranienburger Straße in Berlin kennen. Die Stammfreier, die sie zu Hause besuchte oder die in ihre Wohnung kamen, waren ihr die angenehmsten. Man wußte, mit wem man es zu tun bekam, und war aufeinander eingespielt.

An einem Sonnabend hatte Veronika ein guter Kunde aus dem Westteil Berlins zum Essen eingeladen. Sie trafen sich wie verabredet. Er war ein wenig jünger als sie und trat äußerlich gepflegt auf. Um außerhalb Berlins von der Polizei unbehelligt zu bleiben, fuhren sie mit Veronikas Wartburg zu ihrer Wohnung. Nachdem die finanziellen Angelegenheiten geklärt waren, zogen sie sich aus, badeten gemeinsam in der Wanne und überließen sich danach sexuellen Freuden.

Kurz vor Mitternacht klackte die Wohnungstür. Claudia, die Tochter von Veronika, kam von der Disko nach Hause. Sie zählte inzwischen vierzehn Lebensjahre. Wie es der Zufall so will, Veronikas Freier kam gerade aus dem Bad, nur mit einem Handtuch umschlungen, als Claudia sich im Flur ihre Jacke auszog. Daß jemand gekommen war, hatte er im Bad nicht registriert.

„Guten Abend", entgegnete er ihr und verzog sich ins Schlafzimmer. Sie hatte ihn nur ironisch angelächelt.

„Deine Tochter, nicht wahr", meinte er zu Veronika.

„Ja, die kommt mal wieder reichlich spät."

„Sie wird eben erwachsen", meinte er. „Im übrigen kommt sie von ihrem Aussehen her ganz nach der Mutter."

„Kann schon sein", meinte sie darauf und goß sich einen Likör ins Glas.

„Du auch?"

„Ja, gerne."

Sie stießen an und tranken.

„Wie wäre es denn", fragte er, „wenn du mir mal deine Tochter überlassen würdest? Du weißt, der Preis spielt bei mir nicht so eine große Rolle. Meinst du, ob sich das einrichten ließe?"

Veronika schwieg eine Weile und goß sich einen weiteren Likör ein.

„Keine Frage des Preises, wie darf ich das verstehen?"

Er merkte, daß sie zögerte und meinte: „Na, sagen wir doppelt soviel wie üblich?"

Erneut nahm sie sich Zeit zum Nachdenken und meinte dann aber kurzentschlossen: „Ich kann sie ja mal fragen. Worum es geht, weiß sie ja inzwischen. Sie wünscht sich schon länger einen Kassettenrekorder. Könntest du ein Gerät von drüben mitbringen?"

„Ich denke, das ist kein Problem."

138

Veronika ging in Claudias Zimmer. „Kannst du mir mal verraten, warum du schon wieder so spät nach Hause gekommen bist?"

Sie zuckte mit den Schultern: „Kam nicht früher von der Disko weg."

„Schöne Ausreden erfindest du."

Claudia murmelte vor sich hin.

„Wolltest du nicht immer schon einen Kassettenrekorder?", fragte Veronika schon viel versöhnlicher.

„Das wäre echt Klasse, wenn ich einen bekommen könnte."

„Ganz so einfach ist das nicht", wiegelte sie ab. „Aber eine Möglichkeit gäbe es schon. Du weißt, ich habe wieder Besuch hier, er würde dir einen mitbringen, wenn du mit ihm schläfst."

Claudia kam ins Grübeln. Sie hatte mit allem gerechnet, aber damit nun wirklich nicht. Wenn sie sich darauf einließe, würde es ihr erstes Mal sein. So hatte sie sich das nicht vorgestellt. Eigentlich ging es ihr gegen den Strich, daß ihre Mutter so etwas einzufädeln versuchte. Aber da war auch der Reiz des Unbekannten. Schlecht sieht er ja nicht aus, dachte sie bei sich. Man könnte es riskieren. So meinte sie zu ihrer Mutter: „Und der Rekorder wäre mir sicher?"

„Er hat es versprochen."

„Und künftig kann ich bis zum Schluß in der Disko bleiben?"

„Naja, wir können ja mal später drüber reden."

„Was ist, willst du oder läßt du es bleiben?"

„Ich denke, ich mache es, aber vorher gehe ich mich duschen."

Veronika lief ins Schlafzimmer zurück und meinte zu Bernd: „Sie kommt, aber bitte gehe mit ihr vorsichtig um, und ohne Kondom läuft nichts, klar?"

Claudia ließ sich Zeit, das Haare föhnen dauerte halbe Ewigkeiten. Immer wieder wägte sie hin und her, ob sie dieses Angebot doch lieber hätte ablehnen sollen, aber am Ende siegte die blanke Neugier. Ihre Mutter zog sich in die Küche zurück, und Claudia ging zaghaft ins Schlafzimmer. Er entkleidete sie, umarmte sie und ließ sich mit ihr ins Bett gleiten. Noch am anderen Morgen lagen sie nebeneinander.

Was an diesem Wochenende begann, wurde seitdem zur regelmäßigen Gewohnheit. Claudia bekam ihren Rekorder und immer wieder auch Kassetten, die sie sich von Bernd wünschte. Öfter brachte er ihr auch modische Kleidung aus dem Westen mit. Den größten Teil des Geldes steckte allerdings ihre Mutter ein. Dennoch gab sich Claudia ohne Widerwillen Bernd hin, freute sich sogar auf ihn, wenn er kam.

Veronika hatte, kurz nachdem sie sich von ihrem zweiten Mann getrennt hatte, auch aufgehört, einer geregelten Arbeit nachzugehen, und war nur noch pro forma in einem Arbeitsverhältnis gemeldet, damit sie keinen Ärger mit den Behörden bekam. Sie lebte in den Tag hinein, trank oft Alkohol. Nach einem Autounfall, jemand hatte ihr an einer Kreuzung die Vorfahrt genommen, trug sie einen bleibenden Schaden davon. Mit dem rechten Fuß hinkte sie nun etwas nach. Das stellte sich als ein ruinierender Schlag für das eigene Geschäft heraus. Sie verlor etliche gute Stammkunden. Immer mehr flüchtete sie sich in den Rausch des Alkohols. Das Geld wurde ihr knapp. So nahm sie Claudia gelegentlich zur Oranienburger Straße in Berlin mit. Ihre langen blonden Haare, das schmale Gesicht und ihre Jugend, das zog die Männer an, die auf der Suche nach dem käuflichen Sex waren. Da ließ sich ein guter Preis erzielen. Mit der Zeit wurden Claudias Ausflüge mit ihrer Mutter zur Oranienburger Straße häufiger. Mitunter ging Claudia völlig übermüdet zur Schule, mehrere Male kam sie auch zu spät, oder die Mutter schrieb ihr einen Entschuldigungszettel wegen angeblicher Krankheit, weil sie am Abend zuvor bis in den neuen Tag hinein ihre Dienste angeboten hatte.

Längst überließ sie sich den Männern nicht mehr ganz freiwillig. Ihre Mutter setzte sie unter Druck. Wenn sie nicht spurte, bekam sie Stubenarrest, oder die Mutter gab ihr wochenlang nichts mehr vom eingenommenen Geld ab. Das war ohnehin nicht viel.

An einem Abend standen sie wie so oft in einem offenen Hausflur in der Oranienburger Straße. Mit ihren kurzen Röcken gaben sie zu erkennen, weshalb sie hier verweilten. Es dauerte nicht lange, und ein Freier biß an. Von seinem Auto aus hatte er die beiden gesehen, wendete und kam erneut herangefahren. Er öffnete seine Beifahrertür und forderte Claudia höflich auf, bei ihm einzusteigen. Ihre Mutter drängte und stupste sie zu ihm hin. Claudia stieg ein, doch bevor das Geld die Taschen gewechselt hatte, fuhr er mit seinem Auto los und herrschte das Mädchen an, die Tür zu schließen. Lässig zündete er sich eine Zigarette an.

„Du Zuckerpüppchen bist also eine Hure?"

Sie schaute ihn fragend an: „Was soll das jetzt werden?"

140

„Da fragst du noch? Ich will dich bumsen oder was dachtest du?"

„Und wie steht es mit der Bezahlung?"

„Kommt noch, wirst schon sehen, wie ich Dich bezahle!"

„Bei mir ist immer vorher Kasse", entgegnete sie ihm.

„Bei mir aber nicht, du geldgieriges Luder!"

Claudia ekelte sich vor ihm. Die grauen Bartstoppeln mußte er schon tagelang vom Rasieren verschont haben, und der Bierbauch macht ihn auch nicht gerade anziehender. Mit schnellem Tempo fuhr er am Fernsehturm vorbei stadtauswärts. Am Treptower Park bog er auf einen unbeleuchteten Parkplatz ab und stellte den Motor aus.

„Nun wollen wir mal sehen, was du drauf hast." Mit festem Griff führte er sie in ein angrenzendes Wäldchen, immer weiter von der Straße weg.

„Los, zieh dich aus", befahl er ihr dann. Sie rührte sich nicht.

„Wird's bald oder brauchst du eine Extraeinladung?"

„Laß mich in Ruhe, ich will mit dir nichts zu tun haben."

„Armes Mauerblümchen, du wirst jetzt das tun, was sich für eine ordentliche Nutte gehört. Ist das klar?" Er brach sich einen dünnen biegsamen Zweig aus einem Gebüsch ab und fuchtelte damit umher. „Los, los, los, sonst gibt's Hiebe!"

Widerwillig beugte sie sich seinen Befehlen. Die letzten Kleidungsstücke riß er ihr fast vom Leib. Mehrere Male traktierte er sie, und es wollte kein Ende nehmen. Immer wenn sie nicht spurte, schlug er sie. Als er sich abreagiert hatte, ließ er sie liegen, wie ein Bündel aussortierte Altkleider, setzte sich in sein Auto und fuhr davon.

Im Morgengrauen mit dem ersten Bus kam Claudia zu Hause an. Seit diesem Zwischenfall versuchte sie sich, so oft es ging, den Berlinfahrten zu entziehen. Eine latente Angst begleitete sie und all die beschwichtigenden Worte der Mutter halfen nicht mehr. Mit Nachdruck machte ihr Veronika auch immer wieder klar, es habe nach ihrem Willen zu gehen.

Etwa seit dieser Zeit besuchte sie auch Bernd nicht mehr. An einem Wochenende war Veronika so im Suff, daß sie nicht mehr wußte, was sie sagte und tat. Anklagend schrie sie ihn an: „Wenn du meine Tochter nicht kriegen würdest, du geiler Bock, dann kämst du doch sowieso nicht mehr. Von mir will ja keiner mehr was. Los hau ab", schrie sie ihn an und drohte mit erhobener Bratpfanne. Bernd suchte eiligst seine Kleidung zusammen, zog sich an und tauchte nie wieder auf.

Nachdem Claudia die zehnte Klasse abgeschlossen hatte, lernte sie Schneiderin. Seitdem wohnte sie im Internat und ließ sich nur selten zu Hause blicken. Bald hatte sie auch einen festen Freund. Die Oranienburger Straße in Berlin und die nähere Umgebung mied sie.

Seit Herbert Febarn weggezogen war, wurde für Karsten vieles schwieriger. Sein Vater hatte ihm oft beigestanden, wenn er sich aus irgendeinem Grund den Zorn der Mutter zugezogen hatte. Manchmal war er mit ihm Angeln gefahren. Jetzt besuchte ihn Karsten in seiner neuen Wohnung gelegentlich. Im Sommer holten sie sich dann mitunter ein Softeis von der nahegelegenen Eisdiele.

Meistens erzählte Karsten seiner Mutter nichts von seinen Ausflügen, denn sie sah es nicht gerne, wenn er den Vater besuchte. Doch im Ausreden erfinden war Karsten recht einfallsreich. So konnte das Fußballspielen auch mal außerplanmäßig stattfinden. Nur durfte das nicht auffliegen. Ein andermal war er mit dem Pferdewagen Wolfgang Egberts unterwegs.

Bei seiner Mutter zu Hause fühlte er sich immer irgendwie im Wege. Hatte sie sich einen Freier eingeladen, mußte er in den Keller oder sich außerhalb des Hauses aufhalten. Manchmal konnte er erst spät in der Nacht ins Bett. War seine Mutter betrunken, kam es öfter vor, daß er hungrig blieb. In der Nachbarschaft fragte er dann gelegentlich, ob er mal eine Stulle bekommen könne. Irgendwann überwand er sich und deutete seinem Vater die vielen Widrigkeiten an, die er auszuhalten hatte, und fragte ihn, ob er nicht bei ihm bleiben könne.

„Das wird deine Mutter wohl nicht zulassen", entgegnete er ihm.

„Und da läßt sich gar nichts machen?"

„Ich fürchte, das wird ganz schwierig sein, aber ich denke darüber nach. Aber ich will nichts versprechen, was ich am Ende nicht halten kann. Wenn es dann nicht klappt, dann wärst du bestimmt böse auf mich."

Seit Herbert eines Tages bei Veronika vorbeikam und seiner Frau, jedenfalls war sie es auf dem Papier noch, mitteilte, er bemühe sich um das Sorgerecht für seinen Sohn, wachte sie streng darüber, daß Karsten, soweit es irgend ging, in seiner Stube blieb oder wenigstens auf dem Hof. Nur wenn Freier kamen, konnte er sich noch im Dorf herumtreiben, wenn sie ihn nicht im Keller einschloß. Diese rigide Maßnahme erwartete ihn auch, kam er nicht gleich von der Schule nach Hause. Selbst wenn er zu Stephan spielen ging, mußte er erst lange Versicherungen abgeben, daß er nicht zu seinem Vater ausbüchste.

Seit kurzem stimmte Karsten froh: Sein Vater hatte ihm erzählt, er könne bald bei ihm bleiben. Er müsse nur noch etwas Geduld haben. Karsten freute sich schon darauf, er konnte den Tag gar nicht erwarten.

Es klingelte zum Unterricht. Jede Klasse stellte sich in Zweierreihe an. Diejenige, welche zuerst am diszipliniertesten stand, durfte als erstes ins Schulgebäude gehen. Die Morgenkühle brachte manchen in dünnen Sommersachen zum Frieren. Die Klasse drei wurde als vorletzte hineingewiesen. Im Flur vor dem Klassenraum hängten alle ihre Jacken und Turnbeutel an den Kleiderhaken. Dann wurden die Stühle von den Tischen heruntergestellt, jeder packte seine Mathesachen aus.

Frau Arend kam herein, schloß hinter sich die Tür und stellte ihre Tasche auf den Lehrertisch. Christian ging nach vorn und sprach: „Frau Arend, die Klasse drei ist zum Unterreicht bereit. Es meldet der Pionier Christian Kandert."

Die Mathematiklehrerin bedankte sich und sagte: „Seid bereit." Alle erhoben eine gestreckte Hand über den Kopf und erwiderten: „Immer bereit." Darauf Frau Arend: „Setzt euch."

Sie benannte ein paar Aufgaben im Mathebuch, die gelöst werden sollten, und kontrollierte dann die Hausaufgaben. Unter die Aufgaben setzte sie in jedem Heft einen roten Strich mit ihrem Kugelschreiber. Marcel, Swen und Karsten hatten die Hausaufgaben nicht erledigt. Sie mußten ihr Hausaufgabenheft zum Lehrertisch bringen und erhielten eine Eintragung.

Stephan dachte, ob Karsten sie aus reiner Faulheit nicht gemacht hatte oder konnte er sie wieder nicht? Vielleicht von beidem etwas ... Manchmal hatte Stephan Karsten bei den Hausaufgaben geholfen, ihm noch mal etwas erklärt, was er nicht verstanden hatte. In letzter Zeit war es seltener vorgekommen, weil er merkte, daß Karsten immer so schnell wie möglich fertig werden wollte, gern die Hausaufgaben nur abschrieb und am nächsten Tag in der Schule selten Bescheid wußte.

Nach zwei anstrengenden Mathestunden wechselte die Klasse in den Musikraum und ging zur ersten großen Pause hinaus auf den Schulhof. Stephan holte seine Milchflasche und lief zu dem Kastanienbaum hinüber, wo Karsten stand. Er öffnete seine Brottasche und holte eine Stulle heraus, wickelte sie aus dem Papier und stopfte es in die Tasche zurück.

Karsten fragte ihn leise: „Gibst du mir 'nen Stück von deiner Stulle ab!"

„Hast du deine vergessen?"

Karsten antwortete nicht. Stephan brach die Stulle mitten durch.

„Sag mal", fragte er, „soll ick heute Nachmittach vorbei komm und dich abholn zum Abschlußfest?"

„Ick kann nich."

„Warum denn dit?"

Stephan blickte Karsten schulterzuckend an.

„Ick meine, det muß doch irgend enen Grund haben?"

„Ick darf nich."

„Wiso'n dit? Versteh ich nich."

„Ick darf eben nich, ick muß zu Hause bleiben."

„Und warum?"

„Hat meine Mutter gesagt."

„Na ja, ick kann ja mal bei dir vorbeikomm und fragen, ob du vielleicht doch darfst. Mal probieren wenigstens. Manchmal kann man se eventuell doch überred'n."

„Hat keinen Sinn." Stephan schwieg und steckte beide Hände in die Hosentaschen. Er war ärgerlich auf Karsten und besonders auf seine Mutter. Man hätte es doch wenigstens versuchen können, dachte er. In der Pause wechselten sie kein Wort mehr miteinander. Stephan brachte seine leere Milchflasche zum Klassenkasten zurück.

In der Musikstunde las Fräulein Rosenbach aus einem Buch vor. Es war die letzte Musikstunde in diesem Schuljahr. Anschließend hatten sie eine Stunde Deutsch und in der fünften Sport. Dieses Fach hatte Stephan von Anfang an gehaßt. Nachdem sich alle auf dem Sportplatz das Turnzeug angezogen hatten, stellten sie sich der Größe nach in einer Linie auf, rechts die Jungen, links die Mädchen. Christian gab neben dem Sportlehrer die Kommandos und meldete. Danach wies der Sportlehrer an, es seien sechs Runden um den Sportplatz zu rennen. Anschließend wurde Weitsprung durchgeführt.

Stephan grübelte darüber nach, warum die Mutter Karsten nicht erlaubte, zum Abschlußfest zu gehen. Ob er etwas ausgefressen hatte, dachte er. Es kann ja gar nicht anders sein. Oder ob er irgendwohin mit zu Besuch fahren sollte?

Die 45 Minuten der Sportstunde gingen für Stephan einfach nicht um. Irgendwann kam dann aber der erlösende Moment, in dem der Lehrer die Stunde beendete. Karsten und Stephan fuhren zusammen mit dem Schulbus nach Hause. Als sie ausstiegen, verabschiedeten sie sich kurz.

Am Nachmittag, etwa um dreiviertel drei, radelte Stephan mit seinem Fahrrad zu Karsten. Vielleicht darf er doch mit. Er ging auf den Hof und klopfte an die dunkelbraune Haustür mit der blättrigen Farbe. Niemand öffnete. Er klopfte noch einmal, wartete und klopfte ein drittes Mal. Nichts rührte sich. Kein Laut war von innen zu vernehmen. Stephan verließ den Hof, stieg auf sein Fahrrad und fuhr weiter zum Haus der Klassenlehrerin, wo das Abschlußfest bereits begann.

Im Garten auf dem Rasen war ein großes Zelt aufgebaut. Vom Grill her dufteten die Bratwürste und Bouletten. Der Mann der Klassenlehrerin drehte des öfteren das Angegrillte mit der Wurstzange, damit es nicht anbrannte. Ab und zu sprühte er etwas Bier darüber.

Stephan dachte darüber nach, warum Karsten nicht zu Hause war. Wahrscheinlich mußte er irgendwohin zu Besuch fahren. Er versuchte alle diese Gedanken zu verbannen, doch immer wieder brachen sie hervor.

Zum Essen verdrückte er eine Currywurst, kleine Bouletten und ein in Tee gekochtes Ei. Von Swen, Marcel und Ingo hielt sich Stephan den ganzen Nachmittag fern. Sie wetzten hinter dem Garten auf dem freien Platz um einen Fußball. Eine Weile spielten Stephan und Michaela Federball. Stück um Stück rückte der Abend heran.

Karsten ließ die Haustür hinter sich zufallen. Er zog seine Schuhe aus, stellte sie auf die Bodentreppe und hängte seine Windjacke an den Kleiderständer. Auf dem Weg in die Küche packte ihn seine Mutter plötzlich derb am Kragen. Sie öffnete die Luke zum Keller und drängte Karsten hinein. Er schrie sie an: „Warum denn nu schon wieder?"

„Halt die Klappe."

Die Mutter schlug die Kellerluke zu und verriegelte sie. Karsten hämmerte mit den Fäusten dagegen, bis seine Kräfte nachließen. So hatte es keinen Zweck. Er setzte sich auf die unterste Stufe und stützte die Hände auf die Treppenkante. Etwas später hörte er, wie seine Mutter die Haustür verschloß und den Hof verließ. Wie lange es wohl diesmal dauern würde, dachte er. Einige Stunden hatte er schon in dem finsteren Keller verbracht, als er auf die Idee kam, ob man nicht doch versuchen könnte, durch eines der beiden Kellerfenster sich hindurchzuzwängen. Er tastete an der Außenwand nach der Einfassung des ersten Fensters. An den Griff reichte er nicht heran. Aus einer anderen Ecke des Kellers holte er Kohlen heran und stapelte sie unter dem Fenster zu einer Säule auf, über einen halben Meter hoch. So konnte er den Griff drehen. Als er das Fenster öffnete, fiel trockenes Laub vom letzten Jahr in den Keller. Den Schacht vor dem Fenster deckte eine schwere Eisenplatte ab. Karsten versuchte sie beiseite zu schieben. Dabei rutschte er ab und stürzte auf den Kellerboden. Glücklicherweise verletzte er sich nicht. Er holte noch einige Kohlen, um den Sockel etwas stabiler und höher zu bauen. Nun würde sich die Eisenplatte leichter bewegen lassen. Auf einmal hörte er, wie jemand den Gehweg entlang ging. Karsten verharrte. Bestimmt war es die Mutter. Sollte er jetzt warten? Würde sie mich freilassen, dachte er. Nein, er wollte fort von hier. Soll sie mich suchen, bis sie schwarz wird. Er würde jetzt zu seinem Vater gehen. Als die Haustür zuklappte, schob er die Platte zur Seite. Das grelle Tageslicht blendete ihn. Mühsam preßte er sich durch die enge Fensteröffnung und kletterte aus dem Schacht. Dann schlich er sich in den Garten. Als er bemerkte, seine Mutter folgte ihm, flitzte er so schnell er konnte, sprang über den Zaun, rannte hinter den Grundstücken entlang, flüchtete in einen anderen Garten und legte sich flach auf den Boden zwischen zwei Spargelreihen.

Die Mutter lehnte sich über den Gartenzaun und suchte mit den Augen alle Richtungen ab.

„Wenn nicht jetzt, dann eben später", zischte sie vor sich hin. „Dein Vater wird dich jedenfalls nicht bekommen, dafür werde ich sorgen."

Eine Weile wartete sie noch, dann ging sie zurück zum Haus. Mit einem Küchenmesser schnitt sie die Wäscheleine auf dem Hof ab und legte sie in der Küche auf den Tisch. Aus dem Kühlschrank holte sie eine halbvolle Flasche Goldbrand. Der letzte Vorrat.

Nachdem sich Karsten vergewissert hatte, er blieb unbeobachtet, klaute er eine Handvoll Erdbeeren, lief zur Dorfstraße und wanderte in Richtung Kreisstadt. Er würde jetzt zu seinem Vater gehen und nicht mehr zurückkommen, schwor er sich, und er würde den Vater so lange bitten, bis er einwilligt, er könne bleiben. Der Vater durfte ihn nicht einfach wieder nach Hause schicken.

Er war schon eine ganze Weile unterwegs, das Ortseingangsschild des Nachbardorfes rückte schon in Sichtweite, da hörte er hinter sich noch weit entfernt Pferdegetrapp. Er drehte sich um. Der alte Willi mit seinem Braunen war es. Karsten setzte sich auf einen Baumstubben am Straßenrand und wartete, bis der Pferdewagen näher kam.

Karsten rief dem alten Willi zu: „Kann ich ein Stück mitkommen, ich will in die Stadt."

Mit einem lauten „Brrh" und angezogenen Zügeln hielt er den Wagen an. „Na dann komm, Stromer."

Karsten stieg auf und setzte sich. Willi strich sich mit der klobigen Hand über seine kurzen grauen Stoppelhaare und fragte: „Was willst du denn in der Stadt?"

„Ich will zu meinem Vater."

„Und da läufst du? Das sind doch mehr als 15 Kilometer."

„Fahrrad is kaputt", log Karsten.

„Du hättest doch mit dem Bus fahren können?"

„Hab aber kein Geld."

„Und deine Mutter gibt dir keins?"

Karsten schwieg.

Nach einer längeren Redepause fragte Willi: „Weiß deine Mutter überhaupt, daß du zu deinem Vater unterwegs bist?"

„Die ist gar nicht zu Hause", log Karsten wiederum.

„Dein Vater, weiß der, daß du kommst?"

Karsten schüttelte den Kopf.

„Willst du mal die Zügel halten?"

„Ja, gerne."

„Schön locker halten."

Wolfgang Egbert grübelte über die Gerüchte, die im Dorf über

Karstens Mutter im Umlauf waren, nach. Meistens hatte er sie von seiner Frau erfahren, die diese irgendwo bei einer Plauderei aufgeschnappt hatte. Was konnte wahr sein und was erfunden? Er wagte nicht, Karsten weiter auszufragen.

In der Kreisstadt hinter der ersten Kreuzung sagte Karsten zu Willi: „Ich muß jetzt den Weg da vorne rein."

Willi bremste den Pferdewagen. „Warte mal, Karsten, ich will dir noch was geben." Er kramte unter dem Sitz in einem Beutel, holte sein Portemonnaie hervor und zog einen zerknitterten, lila Fünfmarkschein heraus. „Ist für'n Eis und die Rückfahrt mit dem Bus."

Karsten stammelte: „Danke" und wiederholte verwirrt: „Danke", stieg vom Wagen, rief Willi „Tschüß" zu. Dieser erwiderte es und fuhr weiter.

Karsten glättete den Schein, faltete ihn sorgfältig und steckte ihn in die Hosentasche. Bevor er in den Weg einbog, sah er dem Gespann Wolfgang Egberts nach, bis es hinter einer Kurve seinen Blicken entschwand. Im schnellen Schritt lief er dann zum Neubaugebiet. An der Eingangstür 6d angekommen, drückte er den dritten Klingelknopf von unten. Undeutlich lesbar stand daneben der Name H. Febarn. Karsten wartete, aber im Schloß surrte es nicht wie erwartet. Dann drückte er Dauerton und anschließend in kurzen Abständen hintereinander. Wird bestimmt noch auf Arbeit sein, dachte er. Sicher würde er bald kommen.

Karsten überlegte, wie er sich inzwischen die Zeit vertreiben konnte. Vielleicht ist die Kaufhalle noch offen. Er machte sich auf den Weg und hatte Glück. In der Halle packte er sich eine Rolle Schokodrops und eine Schachtel Hansa-Kekse in den Wagen und dazu noch zwei Schrippen. In der Gefriertruhe fand er kein Eis mehr vor. Das war ausverkauft. An der Kasse zog er den Schein aus der Tasche. Er gab ihn nur ungern weg. Es war eben Willis Schein.

Dann suchte er wieder die Eingangstür 6d auf, mit demselben Ergebnis wie das erste mal. So schlenderte er mehrmals in der Stadt umher, um dann an der Eingangstür nach dem Drücken des dritten Knopfes von unten festzustellen, sein Vater war immer noch nicht zu Hause.

Die dunkelorangen Ränder aufgequollener Wolken verschwanden allmählich. Letztes Abendrot verblaßte. Der Himmel wurde

148

immer dunkler. In manchen Zimmern der Neubaublocks wurde das Licht eingeschaltet. Karsten hatte keine Hoffnung mehr, der Vater würde noch kommen. Mit dem letzten Bus könnte er noch nach Hause fahren. Aber wohin dort? Vielleicht würde er in der Scheune vom Nachbarn ein Plätzchen finden. Hier in der Stadt irgendwo zu übernachten, war ihm unheimlich. Also brach er auf zur Bushaltestelle. Es verging eine gute dreiviertel Stunde, bis der letzte Bus angebraust kam. Karsten klinkte die Tür auf. Der Busfahrer blickte ihn ernst an. „Um die Zeit kann ich dich aber nicht mehr mitnehmen, geh mal nach Hause."

„Ich will doch aber nach Hause, den vorigen Bus hab ick verpaßt."

„Na los, dann rein. Aber das nächste mal nehme ich dich nicht mehr mit um halb zwölf, daß wir uns da verstanden haben!"

Karsten nickte mit dem Kopf, bezahlte und setzte sich auf die hinterste Sitzbank. Aus seiner Hosentasche zerrte er den Rest der Dropsrolle und steckte sich einen Drops in den Mund. Dann drückte er die Rolle zurück in die Tasche.

Die Silhouette der Stadt verlor sich hinter dem Bus immer mehr im nächtlichen Schwarzgrau. Die Straßenbäume streiften am Bus wie dunkle Gespenster vorüber. Karsten überlegte, was morgen sein würde. Ohne Mappe konnte er nicht zur Schule gehen. Also schwänze ich die Schule, beschloß er kurzer Hand. Ob ich morgen wieder in die Stadt fahren sollte? Und wenn der Vater wieder nicht kommt? Was dann? Heute würde er aber erst mal in der Scheune des Nachbarn schlafen. Alles weitere wird sich schon finden. Doch er konnte seine innere Angst nicht verdrängen. Sie umwob ihn immer mehr.

Im zweiten Dorf nach der Stadt verließen auch die letzten beiden Fahrgäste den Bus. Zehn Minuten später stieg Karsten in seinem Heimatort aus. Der Linienbus drehte und fuhr zurück.

Als er nach Hause kam, sah er, in der Küche brannte noch Licht. Leise öffnete er die Hoftür, schlich in den Garten und schlüpfte durch eine Lücke im Zaun auf das Nachbargrundstück, öffnete die Scheunentür und legte sich auf einen Sack hinter einem großen Strohhaufen. Bald schlief er ein.

Kurz danach wurde er jäh aus dem Schlaf gerissen. Jemand hatte die Scheune betreten und fuchtelte wild mit einer Taschenlampe herum. Karsten schmiegte sich an den Strohhaufen und tarnte sich mit dem Sack. Immer wieder zerriß der Lampenstrahl die Dunkelheit ganz in seiner Nähe. Er hörte Schritte im Stroh. Der Sack wurde weggerissen. Er erkannte seine Mutter. Sie griff ihn am Oberarm, zerrte ihn rabiat aus der Scheune und brachte ihn in die Küche.

„So, jetzt bleibst du auf dem Stuhl sitzen, ist das klar!"

Karsten senkte den Kopf. In seinen zerzausten blonden Haaren hingen Strohhalmreste. Die Hände hielt er zwischen den Oberschenkeln am Sitz festgeklammert.

Die Mutter goß Birnensaft aus einem Glas Eingewecktem in einen Becher. Sie schüttete noch etwas dazu, Karsten konnte nicht erkennen, was es war. Dann rührte sie den Saft mit dem Teelöffel um. „Hier, trink aus!"

Karsten erwiderte leise: „Ich hab keinen Durst."

„Wirst du wohl bald trinken!" sprach die Mutter drohend.

„Ich will aber nich."

Sie packte ihn am Pullover im Nacken und schüttelte ihn hin und her.

„Du willst wohl wieder in den Keller, na dann ab die Post! Diesmal kommst du nicht mehr raus!" Ihre Stimme überschlug sich fast.

„Nein, bitte nicht, ich trink ja schon." In zwei Zügen kippte er den Birnensaft die Kehle hinunter.

„So, und jetzt gehst du schön brav ins Bett. Wird's bald!"

Karsten zog seinen Schlafanzug an und verkroch sich unter der Bettdecke. Er fror, obwohl es nicht kalt war. Bald versank er in tiefen Schlaf.

Veronika setzte sich in der Küche auf den Fußboden. Aus der Goldbrandflasche sog sie den letzten Rest heraus. Dann nahm sie die Wäscheleine vom Tisch und fertigte zwei Schlingen. Die eine knotete sie am Verschlußknauf der Oberlichter des Küchenfensters fest. Eine dreiviertel Stunde später ging Veronika in Karstens Zimmer. An den Füßen zerrte sie ihn aus dem Bett und schleifte ihn in die Küche. Die Überdosis Schlafmittel hatte gewirkt. Schwungvoll hievte sie ihren Sohn auf das Fensterbrett, steckte seinen Kopf durch die Schlinge, zog sie fest und ließ seine Knie vom Fensterbrett gleiten. Danach erhängte sie sich selbst am hohen Wohnstubenfenster.

Vor dem Haus unter dem grellen Neonlicht der Straßenlampe tänzelte ein Schwarm Mücken. Irgendwo bellte ein Hund kurz auf und verstummte. Im Dorf war alles still. Wolken verdeckten den Mond. Noch war viel Zeit, bis die Schwalben wieder gen Süden ziehen würden. Die Schwalbenjungen lernten gerade fliegen.

1989/91/99

Marko Ferst

Geboren 1970 in Rüdersdorf bei Berlin. Von 2000 bis 2004 Studium der Politischen Wissenschaften an der Freien Universität Berlin. Von 1990 bis 1997 die Vorlesungsreihe „Sozialökologie" an der Berliner Humboldt-Universität besucht, die von Rudolf Bahro geleitet wurde. 1994 die Ökologische Plattform im linkspolitischen Spektrum mitbegründet. Veröffentlichungen in Tages- und Umweltzeitungen. 2006 deutsch-polnischer Literaturpreis für Gedichte. Früherer Beruf Tischler/Bilderrahmer. 2010 wurde von ihm neu herausgegeben der Band „Morgen. Die Industriegesellschaft am Scheideweg" von Robert Havemann mit einem eigenen Essay.

Lesungen von Gedichten oder Vorträge zur ökologischen Thematik können angefragt werden unter: Marko Ferst, Köpenicker Str. 11, 15537 Gosen, Telefon 03362/882986, marko@ferst.de

aktuelle Informationen: **www.umweltdebatte.de**

Veröffentlichungen

Einzug in die Stille. Erzählung, 2021

Brücken ins Land. Erzählungen, Herausgeber (mit Sabine Naumann, Elisabeth Gehring, Fritz Leverenz u.v.a.), 2021

Bis dein Blick Meer wird. Gedichte (mit Sigune Schnabel, Ulrich Grasnick, Günter Kunert, Henry-Martin Klemt u.v.a.), 2019

Jahre im September. Gedichte und Erzählungen, 2017

Nabereschnyje Tschelny. Mitten in Tatarstan. Portrait einer russischen Stadt (Bildband), 2015

Seltenes Spüren. Gedichte (mit Ulrich Grasnick, Günter Kunert, Elisabeth Hackel u.v.a.), 2014

Die Ostroute. Erzählungen, Herausgeber (mit Andreas Erdmann, Monika Jarju u.v.a.), 2014

Republik der Falschspieler. Gedichte (mit einem Essay zum politischen Gedicht), 2007

Täuschungsmanöver Atomausstieg? Über die GAU-Gefahr, Terrorrisiken und die Endlagerung, 2007

Umstellt. Sich umstellen. Politische, ökologische und spirituelle Gedichte, 2005

Die Ideen für einen „Berliner Frühling" in der DDR. Die sozialen und ökologischen Reformkonzeptionen von Robert Havemann und Rudolf Bahro (Hefte zur DDR-Geschichte 91), 2005 (Bezug: www.helle-panke.de)

Beitrag „Umweltpolitik in Mecklenburg-Vorpommern seit 1998" in: Edeltraut Felfe u.a. „Warum? Für Wen? Wohin? 7 Jahre PDS Mecklenburg-Vorpommern in der Regierung", 2005

Beitrag „Rudolf Bahro – Vom DDR-Kritiker zum spirituellen Ökologen" in: Udo E. Simonis u.a. „Jahrbuch Ökologie 2005"

Wege zur ökologischen Zeitenwende. Reformalternativen und Visionen für ein zukunftsfähiges Kultursystem, 2002 (zusammen mit Franz Alt und Rudolf Bahro)

Erich Fromm als Vordenker. „Haben oder Sein" im Zeitalter der ökologischen Krise, 2002 (mit Rainer Funk, Burkhard Bierhoff u.a.; Herausgeber des Bandes)

Beitrag „Neue Lebensformen als gesellschaftliches Experiment" in „Apokalypse oder Geist einer neuen Zeit" (Rudolf Bahro u.a.), 1995

Anmerkung: In der Regel wurde die klassische Rechtschreibung verwendet, in den Gedichten wird auf das „ß" bei „daß" bewußt verzichtet. (Es würde sich lohnen darüber nachzudenken bei einer nächsten Rechtschreibreform, ob „dass" bzw. „daß" wirklich notwendig sind.)

Marko Ferst

Jahre im September

Gedichte und Erzählungen

Leseproben:
www.umweltdebatte.de

Edition Zeitsprung, 212 Seiten

Jahre im September

Gedichte und Erzählungen

Marko Ferst

Über Ostseeinseln wie Öland und Usedom streifen die Gedichte. Sie führen in die schwedische Schärenstadt sowie nach Buchara, Samarkand oder in den Ural. Magische Ausflüge in die Natur und Tierwelt tauchen auf. Gedichte zu Musik, Literatur und Malerei reichern diesen Lyrikband an. Unter die Lupe genommen wird der Drang der Regierenden, uns mehr und mehr auszuspionieren. Kritik zieht das gescheiterte Afghanistan-Abenteuer auf sich, das syrische Totenfeld wird umrissen. In Bangladesch zeichnen sich weitere Landnahmen des Meeres ab, Wasserstände, die mit unserem verschwenderischen Lebensstil im Norden verbunden sind. Sondiert wird, warum unsere Zivilisation ökologisch zu scheitern droht, sich längst im Spätstadium befindet. In der Arktis zeigt sich, wie weit das Vorspiel zum Klimaumsturz schon gediehen ist. Spitzbergen archiviert unsere letzten genetischen Hoffnungen. Den Spuren und Abgründen einer mysteriösen Krankheit wird nachgegangen. Der Band enthält zwei Erzählungen – eine arktische Begegnung zwischen weißen Raubtieren und einen Blick in das sowjetische Speziallager Sachsenhausen.

Marko Ferst

Republik der Falschspieler

Gedichte

mit einem Essay zum politischen
Gedicht

Edition Zeitsprung, 172 Seiten

Wohin driftet die Berliner Republik? Ein bißchen Gelddiktatur
schadet doch niemandem? Die Gedichte in diesem Band bür-
sten unbequem gegen den Strich. Hartz IV und Ein-Euro-Job
kommen auf den Prüfstand. Da wird nach sozialer Gerechtigkeit
ebenso gefahndet wie nach ökologischer Balance. Sind wir als
Zivilisation dem Untergang geweiht? Der Autor setzt sich aus-
einander mit den Folgen von Tschernobyl für die Menschen und
thematisiert: Atomkraft ist unverantwortlich. Er führt uns nach
Mittelasien und schreibt sich an die Tragödie um den verschwin-
denden Aralsee heran.

Wieviel unschuldige Opfer fordert der angebliche Kampf gegen
den Terror? Was konnte die orange Revolution in der Ukraine
leisten oder wieviel blaue Adern durchziehen sie? Unternommen
wird ein Ausflug an die Wolga und nach Kasan. Einen umfang-
reichen Abschnitt mit Liebesgedichten findet man vor, überdies
zahlreiche Landschaftsgedichte. Außerdem: was kann dem streß-
geplagten Weihnachtsmann alles passieren? Eine Nachtwande-
rung führt in spukumwundenes Ferienland.

Rainer Funk
Marko Ferst
Burkhard Bierhoff u.a.

Erich Fromm als Vordenker

„Haben oder Sein" im Zeitalter
der ökologischen Krise

Edition Zeitsprung, 224 Seiten

Als Psychotherapeut, Sozialwissenschaftler und Philosoph gehört Erich Fromm zu den wegweisenden Gestalten des 20. Jahrhunderts. Er ist ein prominenter Diagnostiker der Krisen der westlichen Welt, ein Kritiker unseres konsumistischen Lebensstils und von gesellschaftlichen Zuständen, in denen nicht der Mensch, sondern das schnelle Plusmachen im Mittelpunkt steht. Die Werte des Seins wollte Fromm über denen des Habens angesiedelt wissen. Er dachte so unterschiedliche Geisteswerke wie die von Sigmund Freud, Karl Marx, Baruch de Spinoza und Meister Eckhart zusammen, im Sinne des Hegelschen Aufhebens. Eine erneuerte Psychoanalyse und marxistische Soziologie bekommen bei ihm ganz eigene Wesenszüge.

In dem vorliegenden Band wird eine Auswahl von Beiträgen vorgestellt, die sich mit dem Spannungsfeld „Haben oder Sein" auseinandersetzen und welche Potentiale die innere Aufklärung, sozialpsychologischer Wandel bereithalten könnte, um die drohende ökologische Selbstzerstörung des Menschengeschlechts vielleicht noch abwenden zu können. Aber auch Themen wie Religion, Schule und ein alternatives Wirtschaftssystem kommen zur Sprache.

Autoren des Bandes sind:
Burkhard Bierhoff, Marko Ferst, Erich Fromm, Rainer Funk, Maik Hosang, Helmut Johach, Heike Koall, Roman Kotliar, Milan Machovec, Rainer Otte, Johannes Rau, Hans Jürgen Schultz, Helmut Wehr

**Sabine Naumann, Marko Ferst,
Elisabeth Gehring,
Fritz Leverenz, Peter Lechler
u.v.a.**

Brücken ins Land

Erzählungen

Edition Zeitsprung, 376 Seiten

Von einer Hochzeit in den Jurten der mongolischen Steppe, gran-diosen Landschaften wird erzählt. Ein Ausflug auf dem Drome-dar in Saharadünen endet in den Fängen von Ganoven. Der Band enthält zahlreiche spannende Liebeserzählungen. Vom Schicksal eines Lehrers berichtet ein Beitrag, seine Frau kehrt von einem Kongress im Ausland nicht zurück in die DDR. Der Krieg in Syrien unterbricht das musikalische Üben eines Jungen, in Deutschland bekommt er eine neue Geige. Wie ein Kind in Brok-dorf hineinwächst in die Anti-AKW-Bewegung, zeigt eine Auto-rin, bis hin wie die Polizei illegal Menschen einkesselt in späterer Zeit. Ein Gericht in Chile soll einen Brand klären, ein Lager mit Biberfallen fackelte ab. Ein Fliegermord soll aufgeklärt werden. Eine junge Frau, zur russischen Kommandantur beordert, gelangt unschuldig in ein Speziallager bei Berlin. Beim Schlachtefest kommt die Sache mit dem Schwein zur Sprache, das nach fruch-tiger Kost ausnüchtern mußte.

Der Band enthält Erzählungen von Anke Ames, Erika Baum-gart, Mesut Bayraktar, Horst Decker, Marko Ferst, Benjamin Frech, Elisabeth Gehring, Hans-Jürgen Gundlach, Ralf Heim-rath, Gudrun Heller, Werner Hetzschold, Karl-Otto Kaminski, Tengis Khachapuridse, Renate Kinzel, M. Wolfram Kutzscher, Peter Lechler, Fritz Leverenz, Anna B. Lippmann, Evelyn Berna-dette Mayr, Gabriele Nakhosteen, Sabine Naumann, Ingrid Peter, Esther Redolfi, Bruno Rauch, Catherine Santur, Isabel Schenk, Paul Schöppl, Natascha Tesar-Pelz, Hannelore Thürstein, Kerstin Werner, Marlene Wieland.

Marko Ferst

Einzug in die Stille

Erzählung

Edition Zeitsprung,112 Seiten

Nach der Wende von 1989 verschwindet Angelikas Arbeitsstätte im Zuge der großen Pleitewellen ostdeutscher Betriebe. Arbeitslosenzeiten häufen sich über die Jahre. Ihr Beruf als Schneiderin verspricht für die Zukunft keine rosigen Aussichten. Seit ihrer Jugend interessiert sie sich für archäologische Funde und engagiert sich bei ehrenamtlichen Ausgrabungen. So entscheidet sie sich, in Köln Archäologie zu studieren. Unmittelbar nach ihrem Diplom wird sie jedoch zum Straßefegen verpflichtet durch die Hartz-IV-Bürokratie. Hier beginnt nun eine neue Odyssee. Ein gesundheitlicher Spätschaden bricht sich Bahn, der ersehnte berufliche Erfolg löst sich in Luft auf. Unzählige Ärzte wird sie konsultieren, die sich allzuoft in großer Ratlosigkeit üben. Da die Gefahr nicht erkannt wird, kann der Schmerz sich chronifizieren und eine Fibromyalgie ausbilden. Von den bizarren Folgen dieses medizinischen Versagens handelt die vorliegende Erzählung.

Franz Alt
Rudolf Bahro
Marko Ferst

Wege zur ökologischen Zeitenwende

Reformalternativen und Visionen für ein zukunftsfähiges Kultursystem

Edition Zeitsprung, 340 Seiten

Die ökologische Krise droht der menschlichen Zivilisation eine Richtstatt zu bereiten. Ohne einen Quantensprung in der Politik ist eine globalökologische Rettung völlig aussichtslos. Dabei könnten die ersten Schritte in wenigen Jahren getan sein. Würden wir sämtliche Energie, die wir nicht einsparen können, über Solartechnik, Wasserkraft, Windkraft und aus Biomasse gewinnen, hätten wir schon ein gutes Stück Zukunft gesichert. Wir werden aber auch die Materialströme, die wir durch unsere Industriegesellschaft pumpen, auf einen Bruchteil zu reduzieren haben. Mit einer globalisierten Wettbewerbsökonomie, die auf permanentem Wachstum fußt und einen Pol auf Kosten des anderen Pols entwickelt, wird die Todesspirale nicht aufzuhalten sein.

Der erforderliche ökologisch-soziale Strukturwandel müßte umfassender sein als alle vorhergehenden Umwälzungen und Reformen in der Menschheitsgeschichte. Der Reichtum der Industriestaaten steht auf tönernen Füßen, der Wohlstand von drei, vier Generationen wird immer wahrscheinlicher mit Jahrhunderten Siechtum und Elend bezahlt werden. Angesichts dieser prekären Lage steht die Frage nach Alternativen dringender als je zuvor auf der Tagesordnung der Weltgeschichte. Wir alle müssen uns fragen: Wie könnte eine bestandsfähige ökoplanetare Zukunftszivilisation in wenigen Jahrzehnten aussehen?

Die eigentliche Chance für eine ökologische Rettungspolitik erwächst aus dem geistigen Lebensniveau der Gesellschaften. Wir brauchen ein ökologisches Kultursystem, das auf Herz und Geist gebaut ist. Von einer erkennenden, das soziale Ganze in sich einschließenden Liebe aus hätten wir die Welt neu einzurichten.

Zeittafel